陳仲義著

現代詩技藝透析

文學叢刊

文史哲出版社印行

國家圖書館出版品預行編目資料

現代詩技藝透析 / 陳仲義著. -- 初版. -- 臺北
　市：文史哲，民 92
　　面：　公分. -- (文學叢刊；164)
　ISBN 957-549-540-3(平裝)

　1.中國詩 – 歷史 – 現代（1900- ）2. 中
國詩 – 評論

820.9103　　　　　　　　　　93000610

文　學　叢　刊 ⑯

現代詩技藝透析

著　　者：陳　　　仲　　　義
出 版 者：文　史　哲　出　版　社
　　　　http://www.lapen.com.tw
登記證字號：行政院新聞局版臺業字五三三七號
發 行 人：彭　　　　正　　　　雄
發 行 所：文　史　哲　出　版　社
印 刷 者：文　史　哲　出　版　社
　　　　臺北市羅斯福路一段七十二巷四號
　　　　郵政劃撥帳號：一六一八○一七五
　　　　電話 886-2-23511028・傳真 886-2-23965656

實價新臺幣 三六○元

中華民國九十二年(2003)十二月初版

現代詩技藝透析
目　次

一 投射：
全方位的籠蓋占有，感應交通

臺灣現代詩跑道——在具有馬拉松意味的四十年長度上，挺進著各路好漢，每個階段都有自己頭角崢嶸的領銜者，在最後的衝刺中，我願意把賭注押在洛夫等少數幾位「老齡」身上。這不啻是他從「靈河」出發，穿過「石室」，一路不見疲軟，保持著勻速的步幅和多樣的姿態。更可貴的是，不斷否定自己，突破自己，顯示了很強的後勁和繼續噴湧的勢頭。他的詭譎奇變與余光中、羅門三家，可以說代表了臺灣新詩由膚淺的白話自由體向現代詩蛻變的過程，代表了現代詩自艱澀到圓熟的轉型期及至完型期。

投射，是洛夫觀照把握世界的主要方式，它符合現代詩的特質屬性，是現代詩對象化的一種相當成功的手段。我在這裡僅僅借用奧爾遜的投射一詞，與其原初含義是有些不同的。①奧爾遜的投射重心是，詩人心理能源向外輻射時，於生理能量方面的開發：包括血液流動、軀體、骨骼、肌肉運動及呼吸節奏所產生的功能，對於詩建構的效用。他的投射無疑是偏重於生理能量方面的「集資」工作。而我這裡談論的投射，是指詩人主體心理能量匯合協調的放射形態。主體心理能量包括潛意識、感覺、情緒、想像、靈視、意念、理念、體悟諸元素的集合。投射是對外部世界強有力的籠蓋、支配、主宰；是主體對對象網絡狀全方位的占有；它彌漫在主體與客體之間、主體與主體之間、客體與客體之

間，而且充滿著雙向的感應與交通。

早期的洛夫，沸騰、強悍、暴烈。主觀意志所喚起的各種心理能量，異常強烈敏感地支配對象。扭曲、變形、肢解、穿透。從理念抽象的「神──獸」，到感覺具象的「雲──雪」，無不凸現詩人鼓脹欲溢的「占有欲」。稍後的他收歛了多向輻射，開放的感官削減了箭拔弩張式的衝動，超現實進展也少了幾許迷茫，繃緊而不免放縱的思維力度密度舒緩成遊刃有餘的洗練，且多了幾分禪思旨趣。總之，洶湧的主觀情思意緒面對客體的緊張強占，逐漸退位於較爲平和的「以物觀物」。儘管洛夫的詩風詩路一變再變，但他觀照世界的投射方式依然「源遠流長」。下面是他一段夫子自道：「詩人首先必須把自身割成碎片，而後糅入一切事物之中，使個人的生命與天地的生命融爲一體。作爲一個詩人，我必須意識到：太陽的溫熱也就是我血的溫熱，冰雪的寒冷也就是我肌膚的寒冷。我隨雲絮而遨遊八荒，海洋因我的激動而咆哮。我一揮手，群山奔走，我一歌唱，一株果樹在風中受孕。葉落花墜，我的肢體也隨之碎成片；我可以看到『山鳥經過一幅畫而溶入自然本身』，我可以聽到樹中年輪旋轉的聲音。」②正是這種「我心萬物心，萬物心我心」全方位的投射，洛夫方能：或者在自身內宇宙英勇神遊，八面搜索，進行人性、獸性、神性間的生死博殺；或者放大自我，膨脹自我，強行擴張，調度一切山川草木、日月星辰，供我軀遣，任我支配；或者「降格」爲物，以物度人，與大千世界串通一氣，俯仰自得，物以神合，神以物遊。先看──

主客體間的投射

你猛力拋起那顆磷質的頭顱

便與太陽互撞而俱焚

> 我以目光掃過那石壁
> 上面即鑿成兩道血糟　　　——〈石室之亡·第一首〉

> 我的頭殼炸裂在樹中
> 即結成石榴　　　——〈死亡修辭學〉

這是早期洛夫典型的投射方式，傷痛、憂憤聚凝起巨大的輻射源，自心靈外射，所到之處，萬物無不變形、解體。月光觸及石壁即成血糟；頭顱撞至太陽，同燒共焚；腦袋炸裂樹中，亦可結成果實。居高臨下的自我，不斷施放主觀性強力炸彈，紛繁的表象與感知經過變形重新組合塑造。自我不斷擴張放大，隨著一己意願支配肢解萬物，萬物成為自我的人格化對象。這種人格對象化的主觀變形特徵，在詩人射線所及之處，都打上深深的烙印，無論大到一尊古炮，還是小到一枝花。

> 於今，主要問題乃在
> 我已吃掉這尊炮
> 而嘯聲
> 在體內如一爆燃的火把
> 我好冷
> 掌心
> 只剩下一把黑煙　　　——〈嘯〉

面對一部中國近代史，滿腹憂憤投射於銹蝕的炮膛，彷彿要吞掉這深重的屈辱。而吞掉歷史陳列品所發出的警醒嘯聲，如同體內燃燒的火把。然而主人翁並不奮激沸騰。反全身冷凍，掌心握著剩下的一把黑煙，何其悲涼無奈。主體的「吃炮」，主體體內的「嘯聲」、「火把」，以及主體掌心的「黑煙」，都是主觀情思強加變形的結果，都是自我物化的結果。所不同的是，此例出現

較多主客互溶，即主體向客體「轉嫁」的平衡趨向。而主客體間的平衡一旦打破，傾向於客體，那麼有可能出現「以客為主」的奇觀，變成客體向主體「投射」：

　　這時向日葵彎下了身子

　　將你熾熱的臉

　　一把捧起

　　天空正以一大塊黑色

　　宣布死亡

原來主客體間的投射是以我為主，現在反而「喧賓奪主」了。不是我捧起向日葵，而竟是向日葵彎下腰捧起我的臉，向日葵主動對臉的移情造成一種更加動人的生命景觀，就在這生動明麗的動作後面，驀然一塊黑色籠罩，宣布人生終極深淵無處可逃？此例屬於客體主動向主體投射移情的「主客顛倒」，說明強烈凸現的主觀情思能夠輕易置換更移物我本來位置，從而製造異於正常主客秩序的另一景觀。以上三例可以看出主客體間的投射感應至少存在三種動向：(1)以我為主；(2)主客平衡；(3)以客為主。

主體與主體間的投射

　　睡眠中群獸奔來，思想之魔，火的羽翼，

　　巨大的爪蹄捶擊我的胸脯如撞一口鐘

　　回聲，次第蕩開

　　水似的一層層剝著皮膚　　　　——〈月亮‧一把雪亮的刀子〉

洛夫自「石室」開始，就多層面開發生命的奧義，其投射的焦點不斷聚集於人性、神性之間衝突、對撞、轉換，此間對抗的形態常常是暴戾的，壯烈的，撕裂般在高速運轉中進行。此詩在主體心靈深處亦同樣展開一場靈與肉的戰爭。獸、魔、火的衝撞、拼殺，是對肉體的剝離，也是對靈魂的蛻變。主體內部各種能量的

相互投射，演出了一幕幕壯烈的狂嘯的「苦肉計」（劇）。人的蛻變，神性的喚醒，就在充滿苦痛的主體內部廝殺中得以提升。同樣：

> 猛力推開昨夜
>
> 我推開滿身的瘡
>
> 雙臂高舉，任體溫透過十指直衝屋頂
>
> 而化爲一聲男性的爆響　　——〈曉之外〉

類似這種主體內宇宙之間的投射戰爭，遍布洛夫全身心，無論是夢幻、潛意識、靈視、想像，還是觀念、理念、超驗；無論是最嚴肅的精神層面，還是極瑣細的起居咳飲。如此詩所體現的一系列生存碎片：打呵欠、伸腰、起床，都繼續指向自我對自我的審度、體驗與燭照。同類的還有：

> 我撫摸赤裸的自己
>
> 傾聽內部的喧囂於時間的盡頭
>
> 且怔怔望著
>
> 碎裂的肌膚如何在風中片片揚起　　——〈巨石之變之三〉

自我對自我的投射穿透，是現代詩人區別古典、浪漫詩人的一種重要方式。在此之前，沒有人能對靈魂深部的顫動、潛意識、本能、原欲、衝動等非理性進行全面掘進，大部分僅停留於意識層面的「露天」開採，只有現代詩的自我鑽頭旋進自我多重性的深處，開始稍稍接近「分子細胞」水平。正統詩壇對此動干戈，至少是無法理解現代人生存的人格分裂、自我多重性，以及早就存在了的大面積的自我負值面。這一切都有待於主體性以殉道者的英勇，去鑽探，去掘進。主體之間的投射，是現代主義對人對世界掌握的一個重要方式，也是一種貢獻，它促成了一種對人的本質認識的優良手段。

客體與客體間的投射

　　這種投射方式一般是先把主體降格爲物，或者自覺「消失」主體。自我早已轉移爲萬物一個組成部分。主客體處於一種平等、親和、互融狀態中。

　　　　一株樹如何在風雪中

　　　　俯身搜尋昨日的蟬聲——〈驚見〉

表面上看，這是寫樹與蟬聲的關係，實質上主體情思早已先行化入樹內。從「俯身」一詞看出擬人化影子，而搜尋則染上人的行爲色彩。不過，我們還是可以把它當做是主體（詩人）情思先客體化，即主體先物化爲樹，然後以樹（物）的動機、行爲去進行下一個動作——捕捉蟬聲。這種以主爲客、或先主爲客的投射方式，其實還是逃脫不出「以物觀物」的範疇。稍不同的是，這類「以物觀物」，尚帶著些許主觀色彩，並不完全純客體化。再看：

　　　　那漢子仍蕭立在 H 鎮上

　　　　一株白楊繞著他飛

　　　　偶然回首

　　　　從煙囪中飄出來的是骨灰

　　　　抑是蝴蝶

主觀情思基本上被隱匿、消解了，五句中有四句是客觀敘述，唯一一句投射是「白楊繞著他飛」。不過，同上例不同，這裡的主體並沒有事先物化爲樹，而是依然以原本的樹爲客體而用主觀性去調度它，主體保持自己的位置，冷冷地站在遠處，讓他（樹）繞著他飛，從而完成客體間的投射。白楊樹在這裡被賦予死亡的隱喻，而蝴蝶則是骨灰再生的美化，兩者的飛舞共同描繪一幅死亡旋舞的畫面。須知，絕對純粹的客體與客體之間的投射是不太可能，它往往需要依靠主觀性人爲安排，只不過有時較顯露，有

時較隱蔽罷了。比較隱蔽的如〈無言而萎〉：「野薑花彎著身子／怔怔望著水面蒼白的臉／無言而萎。」野薑花與蒼白的臉，可以視爲客體之間相互的投射。如若蒼白的臉是主體自我的化身，主觀性不又露出狐狸尾巴嗎？看來，每一種意象的設置投射，在本質上都是主觀的，或多或少都染有主體色彩，這正如貌似無傾向的電影上的客觀「長鏡頭」，其選擇性還是難逃主觀意志的潛在支配。假若說上兩例是客體之間相互投射溝通，尚帶少許主觀色彩，那麼〈手術台上的男子〉則是趨於完全客觀：

> 他被抬了進來／他很疲倦而且沒有音響／白被單下面／他萎縮成一個字母／有些東西突了出來才叫做眼睛／手掌推向下午三點鐘的位置／突然，唯一的一隻腳垂了下來／水獺般滑入池中／而目光被人搓來搓去。搓成一條乾涸了的／河

主體情思幾乎全部隱匿起來，只剩下客體的他，從被抬進來到死的「自他」投射：縮成字母，突了出來的眼睛，垂下的腳，乾涸的目光，完成一闋客觀的、冰冷的死亡悼歌。

　　上述，我們略析了洛夫詩思詩情的投射方式在主體與客體、主體與主體、客體與客體三個方面的運作。全方位多向度的籠蓋占有，主體性多層次的感應交通，成爲現代詩掌握世界一種很好的範式，其中一些關聯的細部，還將在下面幾講展開。

【註釋】

① 查爾斯・奧爾遜〈投射詩〉，參見《詩選刊》，1985年第4期。
② 洛夫《魔歌》序，（台）蓬萊出版社，1981年版。

二　轉化：臨界點的飄移置換

　　洛夫觀照掌握世界的方式可謂放得開，收得攏，無論長篇鴻制或短章小令，頗讓人感到一種「耳聽四方，眼觀六路」的態勢。他之所以能在主客體之間、自我之間、客體與客體之間，出入自由，俯仰自得，在我看來，還有賴於一種臨界點上的轉化技巧，即在時空、運動形式、內宇宙與外宇宙以及現實與超現實之間所進行的飄移與置換處理。

時間與空間的轉換

　　時空問題是人類的斯芬克斯之謎。空間的阻隔、時間的易逝是威脅人類生存、陷人類於永恆恐懼的淵藪。駕馭時空、美化時空、調度時空，無疑成為人們在藝術上精神上的一種「自我安慰」。古往今來，人們處理把握時空，花樣繁多，如時空並置、時空對比、時空錯位、時空映襯等。就時間單方面而言，可以將其拉長、壓短、切斷、中止；就空間而言，可以將其切割組裝、錯開、拼貼等，中國古典詩詞在這兩方面都積累許多經驗，這裡不再囉嗦。僅就洛夫在時空方面的處理技巧做點介紹。先看兩例：

　　　　他沉思當仰望天花板

　　　　他把時間雕成一塊塊方格──〈歲末天雪〉

　　　　回首，乍見昨日秋千架上

　　　　冷白如雪的童年

　　　　迎面逼來──〈雪地秋千〉

類似這種時空互轉的例子俯拾即是。第一例，當主人翁仰視天花板做長時間沉思時：流動的時間凝固住了，時間被思緒之手、想像之手雕成了方格天花板。時間——思緒、空間——天花板雙方就這樣合二而一了。第二例，驀然回首，目光觸及到蕩過來的秋千，瞬間意念立即叩開回憶之門：恍若昔日就坐在這架木椅上，然而已沒有歡聲笑語，只有孤獨、沉思與鬱悶。於是記憶中只剩下一個冷白如雪的抽象概念——童年，坐在蕩漾中的運動載體——空間物秋千，迎面逼來。運動的空間秋千，靜止的時間童年，兩者就在驀然回首的一瞥間，完成了相互的置換。顯然上述這兩例是比較單純的時空轉化。〈血的再版〉稍為複雜一些。

> 只痴痴地望著一面鏡子
> 望著
> 鏡面上懸著
> 一滴淚
> 三十年後才流到唇邊

痴情多年的淚，在這裡不做短時性的突然爆發，那只能是一種膚淺的表情。詩人讓它大膽穿越時間，穿越長達三十年的時間長度，自心靈的深井汲上唇邊井沿。這樣，帶著空間平面化的具象淚珠，經過時間長度的放慢、拉長，便徹底時間化了。長長三十年才流到唇邊，這一時間化的拉長使空間性淚珠載上濃濃且長長的情思，加深加厚哀悼的意味。請再讀〈煙之外〉：

> 潮來潮去
> 左邊的鞋印才下午
> 右邊的鞋印已黃昏了
> 六月原來是一本很感傷的書

這一例的時空轉換則更複雜，其複雜是：(1)省略與壓縮，(2)改變

通常語法，(3)表現心理時間。恢復原散文句式應該是：左腳邁出幾步，剛剛還是下午，右腳跨出去，便是黃昏了。由此左右腳移動的瞬間來喟嘆時光流逝之快。此句的奧妙在於大膽省略刪除關鍵的謂語動詞，使主語沒有動作，便成：鞋印才下午，鞋印已黃昏，詩句極為濃縮幹練。且在兩句並置對仗中經過連鎖的「才……已……」關係結構，顯示時光變化之迅速。其實時間是無所謂快慢長短的，快慢長短是隨人的心境情感而定，詩人用左右鞋迅速的交替寫出主人翁心理時間的疾馳。左邊空間通過小小鞋順利轉化為下午，右邊空間倚勢遞進一步變成黃昏，最後一句再把短暫的黃昏拉成長長的六月，然後再轉化為空間（感傷的書），時空如此自如地壓縮性運轉，實在鮮見奇艷。

運動形式的轉換

運動，是物質的根本形式。意象群落的推進，時空的更迭，現實與超現實的變幻，常常要依靠動靜之間的轉換。洛夫特別擅長使用動詞，在主客體之間，在主體與主體之間，在客體與客體之間，經常可看到暴力性語詞，如「砸碎」、「迸戰」、「暴裂」之類。尖銳、喧囂，充滿血性與力度。晚近雖然平和多了，但仍本性難改，如〈與李賀共飲〉最後一段，一連串用了「塞」、「搖」、「升」、「醉」、「舞」、「破」、「碎」、「哭」、「噪」等動詞，寫盡李賀七絕的真神氣。他還善於對象的運動中，由動態剎車為靜態，或由靜態迸發為動態，運用得十分嫻熟自如，像下面這樣的句子，舉不勝舉：

　　廣場上

　　鴿子啄去了我半個下午

一個「啄」字，就賦予寂寞的靜態以流的動感。又如

　　一隻驚起的灰蟬／把山中的燈火／一盞盞地／點燃

整個運動的轉換經過三個層次：「驚起」——「燈火」——「點燃」即動——靜——動的轉化，充滿大自然的神秘與和諧。再看：

　　嗆然
　　鈸聲中飛出一隻紅蜻蜓
　　貼著水面而過的
　　柔柔腹肌
　　靜止住
　　全部眼睛的狂嘯——〈舞者〉

嗆然，是聲響。是聲浪在空氣中的運動，由此鈸聲引出鈸上的紅彩帶，如紅蜻蜓般貼著水面飛旋，聲浪的穿越加上彩帶的飄舞，代表舞者旋舞的動態，觀者狂嘯般的眼神也是潛在的動態，在充滿大面積動感的鋪墊中，最後的舞姿忽然鎮住所有目光，急速的運動狀態便化爲一種靜寂的「定格」，這又是一次由動化靜的上佳表演。

　　平面性的運動轉換，還不足爲奇。可貴可嘆的還在縱深空間或縱深時間中的變幻技巧，如〈晨遊秘苑〉最後段落：

　　門虛掩著，積雪上
　　有一行小小的腳印
　　想必昨夜又有一位宮女
　　躡足遛了出去

此詩的前面是單純靜謐的畫境：虛掩的門，鬆軟的積雪，以及唯一一行腳印，都提示著清靜淡遠的氛圍，忽然間一個跳躍想像，由那一行靜止的腳印引出昨夜躡足遛出去的人。躡足兩字是提裙踮腳的緊張狀，「遛」字所賦予的快速動感，馬上使毫無生氣、死寂的腳印生動起來，且深入積雪深處，非常清晰地拖出一條縱深動態線，甚至能拖到畫境外，成爲意味深長的「畫外音」。

內宇宙與外宇宙的轉換

　　前文曾介紹過主體對客體的投射，要使這種投射顯得自然得體，不至於做作突兀，還須依靠內宇宙（我）與外宇宙（物）之間的和諧轉化，取得驚異與回味的效果。而轉化的關節常常是：過渡、銜接、突變。

　　　澗水淺了又深

　　　在暗香浮動中

　　　飄起了

　　　一張張腫得像黃昏的臉──〈如果山那邊降雪〉

這是一種最常見的物與我、內宇宙與外宇宙的一次性轉換。在澗水淺了又深的時期，詩人不說梅花開落，而用「暗香浮動」替代，在古典詩詞先期閱讀經驗作用下「暗香浮動」四字自然浮現梅花這一特定形象，詩人用疊印比照手法推出臉的鏡頭：浮腫、蒼黃。於是雙方進行一次性順利置換：

浮動──→梅花──→黃臉

自然貼切，少見人工斧跡，其成功就在於替代過渡得好。

　　〈水聲〉就不那麼單純了，幾乎每一個句子都是一次內外轉換：

　　　由我眼中／升起的那一枚月亮／突然降落在你的／掌心／

　　　你就把它折成一隻小船／任其漂向／水的盡頭

雖然是三重轉換，秩序卻依舊井然，非常富於節奏，很見作者功力，不因複雜而流於雜蕪，且由於銜接十分自然，完全符合抒情主體潛在的情感邏輯，所以即使表層「悖理」，意蘊卻令人信服。其多重轉換路線如下：

　　　第一種轉換　　　第二重轉換　　　第三重轉換

　　　眼　　──→　　月亮　──→　　掌心　──→船

（內）── 　　（外）── 　　（內）── （外）

（我）── 　　（物）── 　　（我）── （物）

這種轉換井然有序，很大程度取決於銜接的自然熨帖。

　　與多重快速轉換不同，〈午夜削梨〉可以說總體上是一種慢速轉換，它不在一兩個句子中「朝令夕改」，而是始終圍繞一個事件一個過程，甚至展開情境與細節。

> 那確是一隻觸手冰涼的／閃著黃銅膚色的梨／一刀割開／
> 它胸中竟然藏有／一口好深好深的井／／戰慄著／拇指與
> 食指／輕輕捻起／一小片梨肉／／白色無罪／刀子跌落／
> 我彎下身子去找／啊！滿地都是／我那黃銅色的皮膚

這裡雖然有梨的人格化之托；梨胸藏有如深井，梨肉隱有人肉之想，但整個情節轉換線索很明顯是：削梨皮──削出我滿地的黃皮膚，巧妙道出詩人的故國文化情結。整體過程的物我轉換可以說是完全慢速的，但在梨皮削成黃皮的臨界點，卻應該說是快速突變的。由此可知，轉換的另一妙招可以是慢速過程中的「快速突變」。

現實與超現實的轉換

　　60年代，洛夫曾力主廣義超現實主義，不過他的倡導與布勒東的正宗還是有差別。他基本上反對布氏的自動寫作法，主張「心靈的透視」，亦不崇尚過分的潛意識，而更喜歡「純粹」，他力圖在知性與超現實中作出調和。結果後來，他們接受中國古老禪宗的拉力，漸漸向禪道靠攏，使晚近的詩在現實與超現實、幻與真的平衡中找到新的出路。〈釀酒的石頭〉就是這種出路之一。真真假假，虛虛實實，傳說與現實，假定與肯定，在靠攏禪道的氛圍中，給人以雋永的韻致：

> 冬夜／偷偷埋下一塊石頭。你說開了春／就會釀出酒來／

　　那一年／差不多稻田都沒有懷孕

這類詩風詩路可以說代表晚期洛夫，已漸進化境，在時空、內外、運動、現實與超現實諸方面幾乎看不到化的痕跡。〈鼠圖〉在這幾方面也堪稱範本。首先是空白的牆上掛著一幅名畫，這是假鼠，接著夜半傳出窸窸窣窣唶囓的聲音，這大概是真鼠偷襲？捻燈檢視仍靜如白紙，不過畫中之鼠炯炯對視，利齒硬毛，似真似幻，一時難辨。及至次晨，牆上一片空白，牆腳一地碎紙，假鼠變成真鼠。此詩轉換線路為：假──→真──→幻──→真；即超現實（圖）──→現實（非圖）──→超現實（圖）──→現實（非圖）的四重轉換。有趣的是，從藝術角度出發，圖（假）是超現實的，而從存在角度出發，假（圖）又是現實的，於是真鼠與假鼠，圖與非圖，現實與超現實，就在真與幻的自然轉換中，演出了一幕幕生趣盎然的「鼠舞」。洛夫充當了一名出色的導演。再看〈入山〉：

　　山的呼喚／被一陣驟來的風摁住／仰望的臉／在時間中風
　　化為一片殘崖／雲，清洗我以天河的水／唯額前仍保留一
　　小塊／史前的青苔／蒼茫中／山鳥的對話越來越輕／／月
　　正升起／峰與峰之間／以鳥道連繫／以鼓翼的回聲連繫／
　　我繼續攀登／大大小小的櫟樹擦身而過／爬到最高處我駭
　　然發現／山，竟一路瘦了下去／而峰頂的月／更遠，更／
　　小

如果說〈鼠圖〉的四重轉換還帶有一點人工痕跡，那麼〈入山〉根本就分不清山與畫、假與真的界線了。因為入山就是入畫，入畫就是入山，對畫的凝神觀賞，實際上成了實境中的登山，分不清是入畫的感想體會，還是登山的實境回味。明明是觀賞中的仰望姿態由低而高的進入，恰恰又是登山由下而上的攀援。畫境的驟風、殘崖、天水、青苔，山中的鳥語、櫟樹、峰群、瘦月是如

此不分彼此交融一體，「山在畫中，畫在山中」，沒有特意的暗示、轉折、交代，如此輕鬆不著斧跡一路寫去，畫境與實況、現實與超現實、真與幻獲得高度統一。此詩以假亂真，以真亂假，臻至化境，乃洛夫得力於轉換的真功夫。

三　畸聯：畸形的搭配、嵌鑲、組合

　　畸聯，簡單的說，就是超出常態的畸形組合。它表現在特定語境中，詞與詞、詞與詞組、句子與句子的關係搭配上。現代詩的審美功能之一是要使詩產生驚異感，而驚異感的產生，按俄國形式主義的說法就是要製造語詞的陌生化效果。因為現代詩不是複製常態的即被千百萬人鈍化了的經驗世界，而是要重新打碎，重新塑造另一個異於常規的讓人如夢初醒的「伊甸園」。這個世界必須是在人們司空見慣熟視無睹的地方中被二度「發現」；必須在眾人感到看到觸到卻又說不出來的時候被「言說」。這樣就必須每時每刻與覆蓋在它上面的那塊「灰布」——那些老化鈍化固化的語詞博鬥，把它們完全撕裂，越碎越好，並重新編織。這，就是語詞陌生化的任務，而畸聯是完成陌生化的最重要手段。

　　已知畸聯是在句子與句子之間、詞組與詞組之間、詞與詞之間，竭力改變它們被經驗世界規範好的秩序，不惜採取「歪曲」、「誤解」、「中傷」、「挑撥」手段極大地扭轉它們固有的「親緣」關係。具體地說，就是詩人以凸現的自我主觀情思，充分利用潛意識、聯覺、錯幻覺、自由聯想、跳接、切割及語法修辭手段（如拈連、借代、省縮、易位、轉品等）於對象中進行強制性的大跨度的關係變異。在對象的關係範疇中，常見的大致有這樣八對：遠—近、大—小、虛—實、因—果、具體—抽象、瞬時—恆久、被動—主動、有限—無限等。洛夫以俯仰自得的靈活姿態，

周旋於這些關係中，進行一系列「強迫性」嵌合組接工作，積累
起雄厚的陌生化資本。

　　不過，早期的洛夫，畸聯的「起家」並不盡如人意，他寫過
這樣的句子：

　　記憶的河床裡淤積著泥沙
　　情緒的河床裡泛濫起春潮——〈我曾哭過〉

　　愛與理性的旋律在草原散落像旋風——〈吹號者〉

其規律是在理念或觀念的抽象詞後面搭配上具象詞，由此削弱前
面的觀念色彩，然而這種搭配不免生硬有失感性。這使我想起
70年代中後期大陸朦朧詩初潮，大量理念觀念配搭具象詞，或大
量具象詞，尾隨觀念理念的現象，如「青春的樹葉」，「愛的灰
燼」，「艾蒿般的苦澀」等。此類搭配關係沒有脫逸出浪漫派範
疇，理由是它們一般還是在常規或超越常規不很大的範圍內，進
行小跨度或中跨度的變形變意，而尚未進行一種超常態的畸形組
合。很快，洛夫憑著對語言的敏感，過渡到現代意義的具有畸聯
意味的組合關係上來，他魔術般玩弄詞語之間的相互鑲嵌，到處
可以看到這樣的句子：「一株白楊，被腰斬成一部斷代史」（〈
一株腰斬的白楊〉）；「他縮著躺在床上像一只剛熄的煙斗／帽
子就是餘燼」（〈有人從霧中來〉）。感性與智性、內涵與外延、
濃縮與伸長、表象與底蘊都獲得較好的統一。下面，讓我們再來
看看他在八種對象關係中如何巧妙進行周旋畸聯。

小➜大畸聯：

　　我為你
　　運來一整條河的水
　　流自

> 　　我積雪初融的眼睛——〈河畔墓園——爲亡母上墳〉

眼睛不可謂不小，河流不可謂不大，可那麼小的眼睛竟能裝滿那
麼大的河流，那麼大的河流竟源自那麼小的眼睛，這在生理上是
一個巨大矛盾，有違常理，但在情感上卻是說得通的。小小的情
感「水庫」，怎麼不能貯備大大的情感河流？詩人利用現實生理
與想像化情感的「同一」，將小與大的矛盾關係順利地浚通了，
使思情在流泄中不因生理上的巨大差異而滯留，且依憑情感的共
通性而流暢無阻，〈飲〉也具有同等效力：

> 　　用一根蘆管從你眼中汲取，上升、上升
>
> 　　青脈就像一條新開的運河，暢流無阻。

遠→近畸聯：

> 　　荷姆茲海峽驚起的巨浪
>
> 　　濺濕了我那靠得太近的
>
> 　　老花眼鏡——〈讀報‧國際版〉

讀報時，遠在幾千公里外的海峽一旦接至想像力的邀請，便一下
子直抵眼前——空間刹那間作了遠距離的壓縮推進。這還不夠，
巨浪滾滾灌耳也還嫌遠了點，想像力乾脆把它調近到濺濕了主人
翁的眼鏡，海岸簡直就在咫尺之內！不同空間的事物經過想像力
的畸形組接，完成一幅如入實境的逼眞「拼貼」，有如作者轉動
一架高倍攝影機，能將遠景忽然一下子拉近，能將近物一下子推
遠，使遠近不同事物得以在同一空間同台演出。

虛→實畸聯：

> 　　積了四十年的話／想說無從說／只好一句句／密密縫在鞋
>
> 　　底／這些話我偷偷藏了很久／有幾句藏在井邊／有幾句藏
>
> 　　在廚房／有幾句藏在枕頭下／有幾句藏在午夜明滅不定的
>
> 　　燈光裡——〈寄鞋〉

話語是一種語音的連續過程，四十年積下的話固然三天三夜傾吐不盡，但有一個缺陷畢竟是眼睛看不見容器納不了的有聲無形的物質，因而是虛的。虛的話語如何保存呢？詩人巧妙調動動詞，讓話能縫進鞋底，如密麻麻的針腳；讓話藏在井邊廚房枕頭下。最奇的是還能讓它藏在明滅不定的燈光裡，這樣便賦以虛的無形的聲音以充實有形的實體，且經得起燈火燒烤，充分傳達出親情的綿長與深厚。

具體➙抽象畸聯：

> 用你秀髮編成軟軟的繩子
> 捆我在六月的葡萄架下
> 這樣，我就仰臥不起，飲你十九歲
> 你的眼睛使我長醉不醒──〈飲〉

「飲」是一種非常具體的行為動作，十九歲則是摸不著看不見觸不得的年歲概念，十分抽象。將「飲」與「十九歲」強行鑲嵌，抽象的十九歲便容易幻化為如果子汁、可口可樂、雪碧之類五彩繽紛的飲料。由此「十九歲」也在語意的連續運動中獲得生動感性的具象意味。

因➙果畸聯：

> 如何相信屋頂上的月亮
> 確確切切是
> 按照月餅模子壓出來的──〈驚秋〉

按照正常的因果關係，月餅的模子肯定是依照月亮的形狀模仿出來的，先有月亮，才有月餅的仿製。詩人卻巧妙將因果關係扭曲，故意讓自然來模仿人工，「如何相信」的反問，加深了現代人在現象與本貌、原因與結果關係中的錯亂與離異。這裡沒有利用動詞、形容詞、副詞、量詞等進行「變格」（月亮是按月餅的模子

壓出來的，「壓」字沒有畸形），只是利用總體上因果邏輯關係，
作肯定性判斷倒置，表面上肯定性冷漠，骨子裡「裝聾作啞」的
因果歪曲，才可能產生真正的「驚秋」。

瞬間→恆久畸聯：

> 一仰成秋
>
> 再仰冬已深了──〈獨飲十五行〉

仰和飲一樣，都是喝的動作，不過仰的幅度要更大更有特色些。
主人翁喝酒，一個大幅度動作後緊接一個抽象性動詞「成」字，
就把秋天給「釣上鉤」了。秋天，是一個具有長度的時序概念，
一個瞬時的動感與一個恆久的時間「聯姻」，靠的是「成」字作
媒，真是離奇之至。第二句，再作遞進一層發展：一個「再」字，
一個「已」字，時間則突進到冬季，真是天外一天，地上萬年。
此詩值得讚賞的是，僅僅利用抽象的「成」，及副詞「再」、「
已」就把瞬時與恆久的時空關係給焊接上了，可見畸聯的可能性
無處不在，關鍵是你是否具備「靈視」。

被動→主動畸聯：

> 自從路
>
> 一口咬住了鞋子

按現實正常秩序，是鞋子在走路，鞋子是主動體，路才是受動體，
結果詩人依據鞋子走路必定產生破損的後果，反倒以客為主，用
動詞一個咬字，將原來的主動者和受動者位置對換，成為路咬鞋
子，亦即路走鞋子。這種顛倒句法教人想起羅門亦有一名句「路
不走了，路反過來走他」。不同的是，洛夫用了一個更準確形象
的動詞──「咬」，把路「擬獸化」為凶狠飢餓狀。看來，顛倒
對象的主從關係，關鍵在於動詞，在適當的接合部「鉚」得好，
就能產生奇特的畸聯。

有限→無限畸聯：

當教堂的鐘聲招引著遠山的幽冥

一對紫燕銜來了滿室的纏綿，滿階的蒼芒——〈四月的黃昏〉

鐘聲是一種有限長度的音響，雖然能穿越空間，但畢竟是短暫易消逝的。在現實中，教它「招引」具有無限空間狀態的「幽冥」，鐘聲的確是有些力不從心，但詩人卻叫它在詩裡這樣做了，且做得十分從容不迫，絲毫沒有捉襟見肘之感：有限長度的鐘聲彷彿生出無數手臂，簇擁著神秘的「幽冥」款款而來，紫燕是一種細小的飛鳥，同樣詩人叫它銜來充滿空間狀態具有無限彌漫性的蒼茫暮色，一個小巧的「銜」字，就把有限與無限、虛與實的事物全給「抬舉」了，真有四兩撥千斤的力量。

畸聯的成功，除了注意在對象各種對應對立關係中進行大跨度扭曲變異，或巧妙「挑撥」，或強行嵌鑲，或違章搭配，或奇特聯姻，充分利用錯覺、通感、自由聯想、詞性易位、**轉品**乃至潛意識的畸變功能，同時要警惕不要為畸聯而畸聯，正如不要為意象而意象。畸聯的目的終歸要服膺於整體性情思，服從於整體的陌生化效果。如果過於熱衷人工化的暴力嵌合，則很容易走向造作。

四　隱喻：表達之外的深度指向

　　隱喻的問題是夠複雜的了，1971年由W. Shible編纂的研究論文已逾四千篇。有人堅持隱喻是修辭，它不過是比喻的一種特殊形式；有人把隱喻的核心看作是一種「替代」，可以被其他詞的釋義頂替。新批評派的布萊克則認爲隱喻的產生是語境中字詞間的相互作用；隱喻可以分爲前後項，通常是後項將自身隱含的暗示投射到前項，讀者就在前後項投射關係中領悟其含義。近年有中國學者認爲，隱喻是將兩個在經驗世界中分屬不同領域、本無直接聯繫的事物置於同一語言結構，從而使隱喻在字面構成的不可解邏輯，在深層上化爲可解。簡單一點說，隱喻就是用一種事物意味另一種事物。①

　　這樣看來，隱喻與象徵猶如一對孿生兄弟，著實不好分辨。如果從現代主義的主客體論出發，我以爲，象徵的主觀成分應多於隱喻，而且多爲定向發展，因爲象徵需要「尋找客觀對應物」，象徵需要找到主觀情思投射的客觀「靶子」，其目標相對明確，運行軌跡相對集中。而隱喻主要是提供一種烘托性暗示性的意味，不一定投射到對應物身上，主觀成分相對較少，一般它只具備「靶場」而缺少明確的「靶心」，因此定向性較差，注意力較分散，它所留下的自由聯想空間反而要大一些。如果從結構角度上看，象徵的「容器」要大於隱喻，主要是指象徵的跨度與長度大於隱喻。韋勒克、沃倫說得很明確：「一個『意象』可以被轉換成隱喻一次，但如果它作爲呈現與再現而不斷重複，那就變成一個象

徵。」②隱喻的重複，往往能賦予「一組事物，一種情境，一串事件」的象徵意義。

筆者一向認為隱喻主要的功能是一種表達方式（象徵是表達方式，同時亦是思維方式）。我們知道，詩人在作品中運用的媒體與我們日常書面語毫無二致，不同的僅僅是感受與表達方式的天壤之別，其中有一條應遵守的原則是：應使同一性語碼越過自身，去追求表達之外的另一種深度指向。

我們也都知道，意象是詩的基本構件，如果單憑意象的簡單組合，詩只能變成死的積木堆砌，只有千方百計使意象構成一定的隱喻關係，詩才能獲得眞正的活力。現代詩人的天職之一就在於採取這種重要的表達方式，不斷製造新的隱喻，而每一個隱喻的發現，都是現代詩發現世界的一次小小勝利。下面，依舊採納洛夫的詩例稍加討論。

隱喻的長度：

> 你的信像一尾魚游來／讀水的溫暖／讀你額上動人的鱗片
> ／／讀江河如讀一面鏡／讀鏡中你的笑／如讀泡沫

這段詩大家非常熟悉，典事中有「鯉魚索書」之稱，所以信如魚游來可解，信與魚構成比喻型隱喻，並且由此發展推延。由於是一種時間性進展，且喻本喻體雙方關係途中保持不變，所以能形成一個隱喻的長度：魚鱗片即人的皺紋；魚生存的環境江水即人鑑照的鏡子；魚的呼吸換氣所產生的泡沫如人的笑意。三環一環緊扣一環，且都由魚的屬性生發影射人的表情，在這持續的三環影射中完成一個隱喻的長度，亦即隱喻的縱向類型。倘若按布萊克理論分析，這首詩可壓縮成隱喻的前後兩項：前項為魚，後項為信，整首詩的隱喻其實就是由這一簡單的前後項，拉長繁衍為一定的隱喻長度。

隱喻的密度：

> 暴躁亦如十字架上那些鐵釘
>
> 他頓腳，逼我招認我就是玩蛇者
>
> 逼我把遺言刻在別人的脊梁
>
> 主哦，難道你未曾看見
>
> 園子裡一棵樹的淒厲呼喊——〈石室之死亡·第十首〉

相對長度來講，隱喻的密度是指隱喻的橫向類型，即在同一空間所容納的隱喻單元。此例只有五行，卻布滿十字架——脊梁——樹三個隱喻單位，三者的形態及屬性較爲接近，從上下文的語境關係看似都朝向「苦難」的焦距。先是釘我在十字架，後來轉喻爲「盯著樹」，引起樹的淒厲呼喊，這一置換，仍然沒有改變在同一空間中擁擠多個隱喻單元。由於作者置換不太直接，所以其隱蔽性較強。隱喻的密度要注意做到疏密有致：太疏，顯得意象空泛；太密，有擁塞之嫌。此外，在隱喻單元的各種銜接中要力求轉換得自然，過於突兀有造作之弊，過於隨意，則失之粗率。

產生隱喻有多種多樣途徑，下面再介紹幾種。

借替隱喻：

> 棺材以虎虎的步子踢翻了滿街燈火
>
> 這真是一種奇怪的威風——〈石室之死亡·第十一首〉

不言而喻，作者用棺材作爲死亡的代碼，一「套」上去，謎底全現。這種隱喻是最原始的「一對一」，屬於修辭學上的初級。

「光在中央，蝙蝠將路燈吃了一層又一層」，同樣，蝙蝠也是死亡的代碼，將「死亡」套入，亦可清楚看出，那是死亡對光明、死亡對生命的威脅與吞噬。所不同的是，此例的代碼完全是在一種日常自然事件的情境中實施，十分貼切。上例倒有些主觀人爲的強加，未免來得生硬些。「乾，退瓶也不過十三塊五毛」

（〈獨飲十五行〉）詩人在臺灣退出聯合國之際，借用喝酒退瓶，自嘲當局無奈，「不過十三塊五毛」，有反諷亦有自慰。小小的生活細節與大大的政治事件，用一個「退瓶」予以置換而產生鮮明的隱喻影射，眞夠天衣無縫。

並置隱喻：

> 把一大疊詩稿拿去燒掉
>
> 然後在灰爐中
>
> 畫一株白楊
>
>
> 推窗
>
> 山那邊傳來一陣伐木的聲音──〈焚詩記〉

室內：焚燒詩稿，描畫白楊；室外：伐木聲聲。詩人將內外兩個事件並置在一起，即產生聯想空白，形成了超出這些事件的一種意義。而這一種意義並非固定，似乎是：畫白楊，意味灰爐中的詩起而復生，而窗外伐木聲聲，兩者手段不一樣，最終結果，恐怕「目的」還是一致？這只是一種釋義，還有多種解答。大陸青年詩人沈天鴻曾看出隱喻在並置空白中的奧妙：「固定化解答的失落，以及解答在詩中的始終延擱、空缺，正是詩的隱喻的現代特徵解答（意義）借助隱喻而被傳遞到空白中，空白，因此而成爲詩的中心。」③

　　〈剔牙〉更是一種完整對稱的隱喻並置。上闋是全人類中午用牙籤剔牙，下闋是埃塞俄比亞飢鷹用人的肋骨易牙，時間地點人物道具都充滿戲劇性對仗，影射的意義就在空白中生發，目睹這一驚駭的畫面，人們對世界、人類命運不能不產生諸多思考。

悖理隱喻：

> 一朵黑水仙

> 由河面升起如一披髮的少婦

雖然水仙與少婦也並置，能夠產生水仙等於少婦的表層含義，但深層意義的黑水仙並不完全等於少婦。因為世上絕無黑水仙這一科，黑水仙不是特定獨專的植物，只是作者主觀製造、自己杜撰的「個案」。黑色其通性代表堅實、純粹、虛無，所以黑水仙被賦予肅穆淒清的意味。作者給原本純潔姣美的水仙強行戴上黑帽，顯然違背事理（水仙無黑說），正是這種主觀強加給對象而產生的隱喻，使讀者一接觸到「黑水仙」三個字就會直覺到他所張開的含義絕對指向另一種事物，絕對不完全等同於少婦。

> 他是盲者
>
> 他舉槍向天
>
> ──每顆星都是自己

盲者即失明者，失明反而能舉槍對空瞄準，且把每顆星當做自己，是幻覺抑或錯覺？比起上例，它更嚴重違背日常常規，必然又把讀者注意力緊緊抓住，究竟是怎麼回事？這裡有二度違背：一是盲者能夠瞄準自己，二是把每顆星都當做自己，在這個二度錯瞄的大大違逆日常經驗的過程，究竟隱含著什麼意蘊？是自我的茫然失卻？是無數個分裂的自我？是失卻的自我又面對分裂的自我？不能不引起讀者各種追索。

典事隱喻：

> 唐玄宗
>
> 從
>
> 水聲裡
>
> 提煉出一縷黑髮的哀慟──〈長恨歌〉

洛夫利用大家所熟悉的事典，在開篇第一句就點化出整首詩篇的隱寓性主題。水，是陰性柔性、繁殖的原型，黑髮是女人的代符，

在水與黑髮的關係上，詩人就提煉出整個悲劇的旨意，這種暗示
幾乎貫穿首尾，接下去就是：

　　一粒

　　華清池中

　　等待雙手捧起的泡沫

華清池與泡沫表面是交代楊玉環沐浴的典事，但值得注意的是，
「泡沫」順隨並發展前面水的原型意象，寄寓楊的紅顏薄命將如
泡沫稍縱即逝，同時也繪出皇上愛情幻滅的隱喻徵兆。

　強化隱喻：

　〈心事〉的開頭頗有些古怪：

　　我的那件舊襯衣

　　未經審判

　　就那麼吊在牆壁的釘子上

　結尾再作變奏式的重複強化：

　　幹麼仍把我

　　那件舊襯衣

　　吊死在牆上

這種強化性重複不單起著首尾呼應作用，重複是要使讀者增強期
待心理。再加上其間兩次動用「吊死」這尖銳強烈的動詞，就非
同小可了，讀者的注意力自然要在主角「襯衣」身上「逼出口供」：
你究竟犯了什麼罪？究竟作了什麼虧心事（聯想到題目心事）？
這樣，舊襯衣就完全塗上隱喻色彩了。而重複的功能，往往使較
小的隱喻轉化為大家結構方面的象徵，並且最終有可能提升為一
種寓言。

　　隱喻無所不在。以上提供的僅僅是隱喻大海中的一勺。現代
詩之所以撲朔迷離，其重要原因之一是隱喻這種表達方式到處「

作祟」，特別是晚近現代詩徹底告別直接抒懷、理念告白的浪漫風範，轉爲「情緒的逃避」，尋找「客觀對應物」和「思想的知覺化」，隱喻和象徵則成爲座上客了。隱喻作爲現代詩重要的表達方式，其表達之外的深度指向存在著無限可能性。因爲它最終必須依賴意象的中介，故有多少意象的創造翻新，也就有多少隱喻生發的可能。隱喻表達的熟練程度，可以看作是現代詩人技巧成熟的標誌之一。

【注釋】

① 　錢寧：〈詩即隱喻〉，《文藝研究》1987年第6期。

② 　韋勒克、沃倫《文學原理》第240頁，三聯書店1984年版。

③ 　《詩歌報》1991年第2期。

五　反諷：語境對陳述語的明顯歪曲

　　一個淳樸的北方少年，面對迷濛中的黃土地，黃土地上的蕎麥田、紅玉米、野荸薺、銅滾環，乃至撲刺刺的斑鳩們，鼓起腮幫，吹奏起嗩吶。情韻是那樣綿邈，悲涼中夾帶些許憂鬱，複沓的謠曲傾訴著遊子對北國泥土的眷戀。如果循此道路發展，也許後來的瘂弦會更接近於鄭愁予、楊牧的抒情套路，抒寫「冷肅柔美」一類的詩。不知出自何種機緣，彷彿「一夜之間」，他毅然扔掉手中的「民樂」，戴起面具拿起解剖刀，告別「苦苓林」而邁向「深淵」了。

　　這一詩風的轉變，其實才更本質地代表瘂弦。他筆下歸結起來有三大群落：底層小人物的悲苦命運（坤伶、乞丐、修女等），現代城市意象（那不勒斯、芝加哥、巴黎等），以及綜合性的「深淵」系列，其指向彷彿都是爲了說出「生存期間的一切，世界終極學、愛與死、追求與幻滅，生命的全部悸動，焦慮，空洞和悲哀！」①沒有見過這位《創世紀》的「三馬頭」，但從詩文中揣測，該是位幽默機俏、瀟洒而又能克制的馭手？他的瀟洒使他於眾生世相中能嘻笑怒罵，他的機智得以在「不慍不火」觀照中披上反諷色彩，加上早年戲劇理論與舞台實踐練就一套戲劇手法，反諷與戲劇性成就了他詩路中兩套本領。先看反諷。

　　反諷，最早來源於古希臘戲劇的一種角色，後又成爲西方修辭學中一個古老的修辭格。經過多次演變，眼下已成爲西方新批

評派手中的「老 K」。特別在詩歌結構分析中，我們常常能見到這種流行色。儘管它的內涵變得愈來愈複雜，界說也不那麼確定，我還是比較服膺布魯克斯的定義：反諷是語境對一個陳述語明顯的歪曲。②下得十分簡潔（當然要挑剔的話——覆蓋面還不夠）。實際上，反諷不僅是一種修辭手段，往往還升格為新批評派的一種哲學思想，一種人生態度，一種思維方式，而對於詩歌文本分析最適用的，應該是作為一種結構原則。

反諷，當然含諷刺、揶揄、調侃、諧謔、幽默、悖論成分，但又與它們不盡相同。諷刺是挖苦，揶揄是委婉的批評，調侃是善意的嘲訕，諧謔是輕鬆的打趣，悖論是是非而是，而幽默是價值的錯位。反諷多少與它們都有些「沾親帶故」，但更有自己的特徵，即字面意思與背後意義保持著一定的差距（張力），亦即「說此言它」的「口非心是」。

筆者在拙著《詩的嘩變》中曾對大陸第三代詩界的六種基本方法做過討論，其中對反諷做過大致分類，從對象上分有自嘲型、他嘲型，從內形式上分有語義反諷和語調反諷，而獲致反諷的具體方法，筆者曾「小結」出四種：

(1)凸現時空倒置的錯位。

(2)強化矛盾對立的悖論。

(3)誇大現實性與假定性的差距。

(4)故意製造「所言非所指」的謬誤。

現在，讓我們重新回到新批評派的軌道上來，嚴格按照新批評派確立的類型標準，那麼反諷在瘂弦身上同樣體現出四種類型：誇大性反諷，克制性反諷，悖論性反諷，正話反說（或反話正說）性反諷。

誇大性反諷

這種方法是將對象攻擊的要點做誇大、放大處理，有時甚至誇張到使人無法相信的地步。

> 我太太想把／整個地球的死／全部穿戴起來／她又把一隻
> 喊叫的孔雀／在袯裙上，綉了又綉／綉了又綉，／總之我
> 太太／認爲裁縫比國民大會還重要──〈蛇衣〉

用淺近的俚俗語描寫「太太」愛打扮尙虛榮的嗜好，因爲過於誇大放大，語義必然跑向相反方向，達到或辛辣或溫婉的嘲諷。就這首詩講，由於對象集中單純，且帶著若干愛昵成分（太太嘛），故平添不少諧趣與親切味。〈蛇衣〉體現著瘂弦「輕量級」反諷。

克制性反諷：

這種方法是故意將重話輕說，克制反諷主體的「上火」情緒，在表面字義上巧妙隱瞞批評對象，而在掩蓋的後面，則讓讀者去體味相反的意思。

> 誰在金甓上鑄上他自己的側面像
> （依呀荷！蓮花兒那個落）
> 誰把朝笏抛在塵埃上
> （依呀荷！小調兒那個唱）
> 酸棗樹，酸棗樹
> 大家的太陽照著，照著
> 酸棗那個樹──〈乞丐〉

在兩個貌似中性的假設句後面，緊跟著插入民風小調，中性假設與民謠孤立地看，本身並沒有明顯的揶揄指向，似乎毫無關聯，但一經組合在同一語境，字裡行間潛在的照應關係已隱隱透露出對假設句中所呈現出來現象的不滿批判了。在不滿中並無強烈的詰責，倒是以乞丐自身滿不在乎的小唱小調，透過詼諧形式給予反諷出來，不露痕跡卻「盡得風流」。〈寫戲的小丑〉也是，下

面是至關重要的幾句：

　　　　就打這樣的紅領結

　　　　在黑色的忍冬花下

　　　　……

　　　　在篷布的難忍花紋下

　　　　就打這樣的紅領結

　　　　……

　　　　在可笑的無花果樹下

　　　　就打這樣的紅領結

全詩三次出現打紅領結，並堅持用「就這樣」來修飾限定它，從而抑制了對小丑的主觀情緒的介入，除了「難忍的」、「可笑的」在前一句子中帶有指向外，三次復沓都在重複一種基本上是客觀性的敘述：就打這樣的紅領結。紅與黑的對比，表面打領結的強打精神與顯耀後內心的恐慌，於克制性直陳中，流露出小人物命運被擺布的無奈，而這一切都在三次靜悄悄的「冷」敘述中完成，是一種不動聲色、頗見功底的高級反諷。

悖論性反諷

　　這種方法是將完全不相容或難以相容的事件人物並置在一起，於荒誕不經中完成真正意義的傳達。〈在中國街〉堪稱這方面突出的範本。由於篇幅有限，只將帶悖論性色彩的詩句羅列出來，共有八個句子：

　　　　1.公用電話接不到女媧那裡去。

　　　　2.思想走著甲骨文的路。

　　　　3.陪繆斯吃鼎中煮熟的麥子。

　　　　4.仲尼也沒有考慮到李耳的版稅。

　　　　5.沒有咖啡，李白居然能寫詩，且不鬧革命。

6.金雞納的廣告貼在神農氏的臉上。

7.伏羲的八卦也趕上諾貝爾獎。

8.曲阜縣的紫柏要作鐵路枕木。

神話、傳說、古董、國粹、名人、版稅、廣告、現代交通工具、通訊工具統統放在一鍋子裡煮，不同時空的人物事物事件，奇跡般地同台演出；中國古代文化與西洋現代生活模式攪拌在一起，讓人忍俊不禁。在這荒唐的悖謬後面，恐怕不只是中國古文化的可愛與失落？

正話反說或反話正說的反諷

　　這種方法是用堂而皇之的「正話」做明顯肯定實則暗裡否定，或者用「反話」做明顯否定則暗裡肯定的陳述。請看〈如歌的行板〉：

> 溫柔之必要／肯定之必要／一點點酒和木樨花之必要／正正經經看一個女子走過之必要／君非海明威此一起碼認識之必要／歐戰，雨，加農炮，天氣與紅十字會之必要／散步之必要／溜狗之必要／薄荷茶之必要／每晚七點鐘自證券交易所被端／／草一般飄起來的謠言之必要。旋轉玻璃門之必要／盤尼西林之必要。暗殺之必要。晚報之必要／穿法蘭絨長褲之必要。馬票之必要／姑母遺產繼承之必要／陽台、海、微笑之必要／懶洋洋之必要／／而既被目為一條河總得繼續流下去的／世界老這樣總這樣：／觀音在遠遠的山上／罌粟在罌粟的田裡

這首詩非常奇特，語法也有些怪，利用19個排比，林林總總寫出香港社會眾生相，特別是以絕對口吻作肯定性陳述，將抽象詞「必要」置於主語或賓語位置，使全詩所有意象都圍繞「必要」團團轉，並使肯定性陳述與否定性陳述相互交織錯迭，造成「模稜

兩可」。其反諷的關節處是作者將否定性的反面事物置於肯定性陳述中，從而造成正話反說效果。如暗殺之必要、謊言之必要、馬票（賭博）之必要，就是以不容置疑的絕對肯定陳述反嘲了社會的否定面，強烈的正話反說或反話正說常常起到一種哭笑不得的諷刺效果。

蕭蕭說：「讀瘂弦的詩，會感覺寫詩是一件瀟洒的事，好像寫詩有著極大的揮洒自由，上天入地，無所不能，古今中外，無遠弗屆，也許蘇東坡『行於所當行，止於所不可不止』，行雲流水說法，最能道盡瘂弦詩中的情味。」③確實，瘂弦善於把不相干的事物調度在一首詩裡，也善於以從容輕鬆的調子不露聲色地直陳對象，寫得機智幽默，富於奇趣。我想，在相當程度上是依賴於他對人生的反諷觀照方式及反諷手法。

【註釋】

① 瘂弦《詩人手記》，見〈深淵〉，（台）晨鐘出版社，1959年版。
② 布魯克斯〈反諷——一種結構原則〉，見《新批評文集》第335頁，中國社會科學出版社，1988年版。
③ 張漢良、蕭蕭《現代詩導讀》批評卷第200頁，（台）故鄉出版社，1982年版。

六　戲劇性：衝突・情境・懸念・動作

幾年前，我給學員講授文學理論有關戲劇性一節時，曾畫過一張草圖，六年過去了，我對戲劇性的理解還保持著這張草圖的框架，如下：

戲劇性構成要素

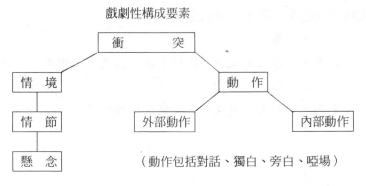

（動作包括對話、獨白、旁白、啞場）

顯然，我是站在傳統戲劇立場上，堅持戲劇性構成三大要素：衝突、情境、動作。衝突是戲劇的核心，衝突主要是指性格命運的衝突，而構成衝突的主要基礎是情境與動作。情境是衝突爆發的前提和條件，是性格展現的客觀場所，而情境的構成又必須依賴於情節的設計，特別是懸念的設置。情節是劇情發展的因果鏈，懸念恰恰是承前啟後的「環扣」，是情節發展的推進器，又是觀眾讀者的期待焦點。而動作，同樣是衝突的基礎，它可分為外部動作與內部動作。外部動作主要指形體（手勢、面部表情等），內部動作主要指人物內心獨白，當然也包括沒有動作沒有聲音的

啞場以及旁白。

　　由此看來，戲劇性是一個內涵非常廣泛的概念，本文目的不是辨析定義，而是借此考察現代詩的戲劇性手段，依照前面戲劇性大小五種構成要素的圖示，讓我們繼續以瘂弦為例。

情景（場景）

　　早期的瘂弦常以民謠風入手，同時注意戲劇結構的運用（〈有這麼一個人〉），在帶有一定模仿成分的〈山神〉中，這位初露頭角的「戲劇詩人」就推出謹嚴的四幕劇。〈山神〉結構是時間前後順序——春夏秋冬四個富於北方情調的場景，在每個場景結束時用民謠「落幕」，分別是——

　　　　第一幕：

　　　春天，啊春天，我在菩提樹下為一個流浪客餵馬。

　　　　第二幕：

　　　夏天，啊夏天，我在敲一家病人的銹門環。

　　　　第三幕：

　　　秋天，啊秋天，我在煙雨的小河幫一個魚漢撒網。

　　　　第四幕：

　　　冬天，啊冬天，我在大寺的裂鐘下同一個乞鬼烤火。

　　謹嚴、整飾，這種戲劇結構雖然過於對稱而未免有些呆板，但由於內容富於北方地域情調風采以及民謠的回環咏嘆，使之成為一種古典的「抒情戲劇」。中期的瘂弦徹底打破這種「三一律」，以非常瀟洒自如的敘述角度掀開另一種戲劇場景，多利用旁白、他敘（隱身人）、時空倒錯、插入、切割等手段。其最成功之處，是在極小篇幅中（一般20行左右）濃縮了需要十倍乃至數十倍文字才能解決的場景，顯示了高超的剪裁、熔鑄及舞台空間的調度能力。引人矚目的有〈教授〉、〈水夫〉、〈上校〉、〈修女〉、

〈坤伶〉、〈故某省長〉。分開看是六個人物六場短戲，總起來看可合成一幕人生負面的詼諧多幕劇。六首之中，我以爲〈上校〉戲劇情致最佳。

> 那純粹是另一種玫瑰／自火焰中誕生／在蕎麥田裡他們遇見最大的會戰／而他的腿訣別於一九四三年／／他曾聽到過歷史私笑／／甚麼是不朽呢／咳嗽藥刮臉刀上月亮房租如此等等／而妻的縫紉機的零星戰鬥下／他覺得唯一能俘虜他的／便是太陽

如果將此詩場景（情景）分解可得：

第一幕　回憶

　時間：抗戰
　地點：蕎麥地
　事件：斷腿

幕間（旁白）：他聽到歷史私笑（反諷）

第二幕　現在

　時間：家居
　地點：縫紉機旁
　事件：氣管炎刮臉刀房租晒太陽

這首詩的高明在於戲劇手法應用得淋漓盡致，而語言則簡縮到無法再削減。有場次的轉換（回憶與現在），有幕間旁白（歷史訕笑），有露出「尾巴」的自我「獨白」（什麼是不朽呢），有情節細節對比（斷腿與現在困境的雙重壓迫），還有雙關懸念（眼前晒太陽與當年打「太陽」喻日本國），情景調度如此嫻熟，瘂弦不愧是當年的戲劇學校的高材生。

情節

情節是構成情景的重要單元，現代詩雖不能以情節取勝，但

高度提煉的典型化情節斷片往往有特殊功用。〈紅玉米〉在不到40行的篇幅中，爲我們提供四個富於生活氣息且精心剪裁的情節，四個情節碎片構成總體情景和氛圍。

A：猶似一些逃學的下午／雪使私塾先生的戒尺冷了／表姐的驢兒就拴在桑樹下

B：猶似嗩吶吹起／道士們喃喃著／祖父的亡靈到京城去還沒有回來

C：猶似叫哥哥的葫蘆兒藏在棉袍裡／一點點淒涼，一點點溫暖

D：以及銅環滾過崗子／遙見外婆家的蕎麥田／便哭了

四個情節楔子都藏著引而不發的故事：與表姐一起逃學；爲祖父送葬；同哥哥藏葫蘆兒及玩滾銅環。四個情節卻都由那串掛在屋簷下的紅玉米所觸發所統攝，四個情節構成詩人對北方故土深深的眷戀的情感事件，使總體情景更具氛圍，更爲厚重。

懸念

情節在本質上是因果律，而懸念是打開因果之門的鑰匙，是推進情節運轉的「活塞」，如果文本角度換成接受角度，懸念對於觀眾讀者則是一種「期待」心理。瘂弦製造懸念的機會用得不是太多，但相當出色，典型如〈懷人〉：

……後來我們就哭泣了／當夕陽和錦葵花／一齊碎落在／北方古老的宅第

用「後來」作爲句頭，突兀地推出「結果」——我們哭泣了，讀者即刻生出團團疑雲：爲什麼哭泣，何以哭泣，這就開始布下尋找原因的伏線。然而瘂弦聰明就在讀者急於往下尋找原因時，巧妙地「王顧左右而言它」，進行間接性描述，在對算命、藏書、亡母一番感懷後，在離揭示原因一大段距離後，才通過錦葵、棗

子的「道具」悄悄接近即將獵獲的「原因」，最後抖落「包袱」，
才揭示出——

> 直到那夜我發現有人
>
> 在梧桐樹上
>
> 用小刀刻上我的名字
>
> 又刻上她的名字
>
> 在同一顆心裡

這一三呼五喚始出來，令人揪心的「眞相」。詩尾最後一句「……
……後來我們就哭泣了」，重複詩頭的「結果」，起到照應作用，
至此，一個完整的因果鏈，同時被「後來我們哭泣」這一懸念給
推進得曲折回轉，意味無窮。

衝突

衝突是傳統戲劇的核心，戲劇人物命運衝突最主要是由性格
完成。現代詩所表現的衝突，雖然並不排斥社會、歷史、現實、
倫理因素，但它們必須是充分心靈化的產物。現代詩的衝突主要
是情感的、靈魂的、心靈的衝突。前面提及的六首人物詩充滿形
形色色的人生困鬥，但它並沒有大面積展開情景及性格，僅僅利
用張力完成讀者對衝突的聯想與把握。比如C教授古典守舊自負
與變通無望的衝突；水手的苦鬥與海之無涯的衝突；故省長一生
富貴與突然崩潰的衝突；歌女大紅大紫與塵海沉淪的衝突。〈深
淵〉則在更廣闊的社會觀現實背景映托下，集中更多衝突：存在
的荒誕，人性的墮落，靈魂的掙扎，精神的抗爭，各種密集怪誕
意象鋪天蓋地，組成混雜的「多聲部」衝突，這是一種劍拔弩張、
告白式的衝突；自我與存在、自我與自我的衝突。

> 我們用鐵絲網煮熟麥子。／我們活著。／穿過文告牌悲哀
>
> 的韻律，穿過水門汀骯髒的陰影，／穿過從肋骨的牢獄中

釋放的靈魂，／哈里路亞！我們活著。／走路、咳嗽、辯論，厚著臉皮占地球的一部分。／沒有甚麼現在正在死去，／今天的雲抄襲昨天的雲。

特別需要指出的是，這種衝突是以極其強烈的主觀敘述者身份介入，而不是一種「非個人化」的敘述方式，它在強度與力度上達到了一種直接的衝突高潮。而如果用另一種客觀的、不動聲色的「隱身人」敘述方式，我想，可能獲致另一種曲折豐富、更具複雜的戲劇效果。

例如〈一般之歌〉，我理解它的主題是死亡的衝突，其衝突結構不似上例依靠主觀情緒的輻射，而是把衝突潛藏在物象背後。先看開頭，用電影長鏡頭連續推出畫面：鐵蒺藜那廂是國民小學──→接著是鋸木廠──→再接著是種萵苣玉米的菜園子──→然後是郵局──→網球廠──→車站。第二段則敘述一列貨車馳過，河水打了一個美麗的結，以及出現墳場，同樣是一種隱身人敘述方式，接著來了一句著名的旁插議論「喪鍾究竟為誰鳴？」（海明威）。略帶主觀介入而暗含深意外，餘下基本上還是按照客觀調性敘述。第三段敘述露台上「一個男孫子正在吃桃子」，至此，孩子吃桃子的生命象徵才與前頭「墳地」、河水打「結」（死結）及貨車高速行馳帶走時光構成一種不動聲色的衝突──生命與死亡臨近的衝突，全詩敘述語調漫不經心，樸素淡遠，極少主觀介入，而死亡情緒的充分客觀化反倒留給我們複雜的戲劇效果。

動作

動作是戲劇衝突的基礎，舞台效果起碼有一半要借助於外在形體表情，而作為視覺藝術的詩歌，媒體文字一方面不能直接轉換為外在表情，另一方面它的質的規定性，要求洞察的不是人物的外在表情，而是心靈表青，或曰「內心獨白」，因此可以說，

人物的內心獨白本質上就是現代詩內在的戲劇動作。各種各樣的獨白對話顯示了現代詩戲劇動作的豐富性，它們各有各的優勢：例如非個人化的隱身敘述有較大的容量；傾訴型的主觀表白有強烈的認同感；虛擬的對話者充滿神秘的氛圍；偶爾的旁白、插敘、啞場，平添旁說的變化。下面請看〈船中之鼠〉的戲劇動作——一種帶假面具的旁說獨白：

> 看到呂宋兩岸的燈火／就想起住在那兒的灰色哥兒們／在愉快的磨牙齒／／馬尼拉，有很多麵包店／那是一九五四年曾有一個黑女孩／用一朵吻換取半枚胡桃粒／她現在就住在帆纜艙裡／帶著孩子們／枕著海流做夢／她不愛女紅／／中國船長並不贊成婚禮／雖然我答應不再咬他的洋服口袋／和他那些紅脊背的航海書／妻總說那次狂奔是明智的／也許／貓的恐懼是遠了／／我說，那更糟／有一些礁區／我們知道／而船長不知道／當然我們用不著管明天的風信旗／今天能夠磨牙齒總是好的。

主角是一隻雄鼠，雄鼠在航行中進行一番告白，我們可以把它看成是詩人帶上的一個面具，是對初戀、婚姻、家庭的懷想，由此也觸及對人生航程的調侃。由於要保持雄鼠面具的一貫性，一切表情動作舉止都進入嚙齒類行列，老婆亦不例外。有意思的是，第一段自「想起」，雄鼠面具依稀可辨，朦朧的迷惑充滿讓人追索的興味，直到第三段「我不再咬」，才徹底露出盧山眞面目，而更有意思的是鼠們比船長大人更精明，知道礁區，船長不知道，結尾順勢對大人再來一番調侃，「管它呢，此刻我們能磨磨牙就好」，全篇終於以完整面具的內心獨白手段——一種內在戲劇性動作，完成人生旅程的一段注釋，其趣無窮。

至此，我們考察了戲劇性構成五個要素：衝突、情景、情節、

懸念、動作。它們在現代詩壇上不乏上演機會，只要我們擁有導演的高明眼力，都可以讓每一種「角色」八仙過海各顯神通。

令人十分惋惜的是，瘂弦戲劇性地沉寂了，隨著〈深淵〉下潛，詩筆幾近寺存。瘂弦，你給詩壇製造了一巨大的啞謎，莫不是你的名字從中作祟？勸你還是改一下，比如錚弦鳴弦什麼的，總得去掉那個瘂啞字呀。

七　靈視：智性的燭照與
##　　悟性的穿透

　　讀完《羅門詩選》，有一種異樣感覺：詩人的想像、穿越時空的能力、智性深度、靈覺乃至悟性都在一般詩人之上，想來想去，最後還是服膺張漢良先生的判定：「羅門是臺灣少數具有靈視（Poetic Vision）的詩人之一。」①靈視，按字面的理解，可解釋爲心靈的視界視域，即心靈的洞見。羅門在他的經驗談裡曾指出：「任何一個具有創造性的詩人與藝術家，都必須不斷擴展一己詩殊性的靈視，去向時空與生命做深入性探索，以便把個人具卓越性與特異性的『看見』提示出來，讓全世界以驚讚的眼光來注視它。」②也就是說，詩人要以自己獨異的目光與聲音呼應萬物，把萬物壓縮且溶入瞬間的自我，重新主宰一切存在與活動，在新的境域裡與世界獲得新的關聯與交通。③羅門又從他所熟悉的飛行當中引出一個比喻，把視靈視爲「多向導航儀」（NDB），這種儀器使「飛機可在看得見、看不見的狀況下，從各種方向，準確飛向機場。這情形，頗似詩人與藝術家以廣體的心靈與各種媒體，將世界從各種方向，導入存在的眞位與核心，這便無形中形成我創作上『多向性』的詩觀」。④這段話，道出靈視的巨大功能：可在看得見、看不見的狀態下對詩思、詩情做多向準確的導航。

　　靈視既然是詩人心靈對萬物的洞燭與照徹，是一種內在的深見，那麼我寧可把它上升到智性與悟性的高度，它是智性與悟性

的合一。智性一般可以看做是詩人敏銳的智解力與智慧的集成，它帶有直接知性思考（「詩想」）的特徵，它不是一種單純抽象思維能力，而是充滿高度能動性的智慧「詩想」，詩人的智性深度往往取決於詩的哲思去向，所以一首詩的「詩想」高度亦往往導源於詩人的智性深度。然而好的現代詩不能僅僅靠智性把握，在詩人的思維運動過程中，實際上很大一部分智性在自覺或不自覺中已瞬間地轉化爲悟性了。悟性是現代詩掌握世界的一種特殊高級方式。悟性就其過程來講，是一種帶有神秘性質，充滿個人化的神秘心靈體驗；就其心理圖式來講，應是直覺、想像、知解三位一體的瞬間頓悟；就其結果本身來講，卻是一種屬於知覺理性的智慧結晶。所以，我願意把羅門極其可貴的靈視——心靈的內在發見上升爲理論定位，即智性的燭照與悟性的穿通。

在靈視的統攝下，戰爭、都市、死亡成爲他筆下三大主題。如戰爭力作〈麥利堅堡〉，沒有停留於一般膚淺的人道感傷，也沒有追究意識形態的褒貶，而主要是面對人類生命與文化的偉大悲劇：「你們盲眼不分季節地睡著／睡醒了一個死不透的世界。」我們從陰鬱的字裡行間感受到戰爭不可逃脫的悖論，它處於「偉大」（道德上的正義）與「血」（生存殘酷的劣根性）的對峙中，詩人有如此深刻的洞見，完全取決於他的靈視。

比如死亡，始終是羅門靈視的主要聚焦。他凝視時間對生命的絞殺，感受空間對存在的沉重壓迫，體味生與死的撕裂及其轉換，並追求終極性的超越永恆，據此他才能發出如此發聲振聵的呼喊：「生命最大的回聲，是碰上死亡才響的」；「在時空與死亡的紡織機上，我們紡織著虛無也紡織著生命」。

再比如，面對都市，羅門的靈視更似解剖刀犀利無比：「天空溺死在方形的市井裡／山水枯死在方形的鋁窗外」，「都市只

不過是一具雕花的棺／裝滿了走動的死亡」，他洞見現代都市被文明異化的嚴重結果，最根本的是喪失了內在精神，卻要以繁華物欲的「食色」填補空虛和危機，他對於這種「空心」文明的「稻草人」，永遠保持一般清醒與救贖心情。

　　的確，羅門的靈視是無所不在的，字裡行間，依稀可辨靈光閃閃，隨便如：

　　　　一條河從她腰間流過

　　　　竟被看成破山而出的

　　　　　　　　瀑布

　　或者全局如：

　　　　浮升在喧囂之上

　　　　你是一種海底

　　　　凡是聲音　都能看見

豈止聲音能看見，一切有形的無形的，宏觀像星雲，微觀似芥末，一切抽象的虛象的，哪怕縹緲如影子，寂靜如空曠，一經靈視的照耀，便會格外生動明顯起來，何況充滿生命活力的具象：

　　　　一隻鳥把路飛起來

　　　　雙目遠過翅膀時

　　　　那朵圓寂便將你

　　　　　　整個開放

　　　　寧靜中　你是聲音的心

　　　　回聲裡　你是遠方的心——〈日月的行蹤〉

在羅門的靈視裡，鳥可以把路帶飛起來，目力可以超過翅膀的飛行距離，當全身所有感官和細胞全方位打開時，心靈也隨之擁有八面來風，那是在寧靜中能諦聽一切神明的耳朵，那是一種在呼喚中能接納感通萬有的回音壁。

　　開頭已經談到，羅門的靈視首先擁有一種智性的燭照，著名者如〈窗〉：

> 猛力一推／雙手如流／總是千山萬水／總是回不來的眼睛／／遙望裡／你被塑成千翼之鳥／棄天空而去　你已不在翅膀上／聆聽裡／你被聽成千孔之笛／音道深如望向往昔的凝目／／猛力一推　竟被反鎖在走不出的透明裡

該詩透過對窗的推、望、聽三個連續動作，闡明都市與自然、精神與肉體之間的激烈衝突。流水般的推窗，回收不了的眼波，提示著內心對大自然的嚮往，同時亦反彈出對都市生活壓抑的抗爭逃離。在目光與千山萬水的交往中，神思萬里，心遊太玄，竟脫穎出千翼鳥，且能棄翅而飛；竟「坐忘」成千孔笛，且幽默深邃，一種精神超脫的快感溢於言表。然而好景不長，開窗後短暫的解放終歸還是注定要被困鎖。「透明」兩字極為突兀、詭奇，亦最見生氣，這種困境恰恰是一種衝不破的透明，是人人可以感知卻無可奈何的無形鎖鏈。羅門的智慧與機警就在於把現代人生存欲擺不脫、欲破無能的窘態透過極為形象的日常推窗予以顯視，充滿智性的照徹。這種照徹，沒有一句半行理性說教，也看不出意念的人工化演繹，完全是在意象行進中寓入哲思的伏線，且全詩達到高度集中凝練，這不能不歸功於羅門對智性的深刻把握。

　　〈隱形的椅子〉同樣體現羅門這一靈視特色，不過摻入的智性成分卻大大增多：

> 落葉坐去的那張椅子／流水是被荒野坐去的那張椅子／鳥與雲是放在天空裡很遠的那張椅子／十字架與銅像是放在天空裡更遠的那張椅子／較近的那張椅子是你的影子、他的影子、我的影子、大家的影子

按羅門的創造意念是：全人類都在找那張椅子，它一直吊在空中，

周圍堆滿了被擊瞎的眼睛與停了的破鐘。尋找椅子，該是與「等待戈多」具有相似的指向，人類在生存困境中要尋找的是精神家園、靈魂憩所，但往往得到的還是一團虛幻，猶如自己的影子、大家的影子。羅門用超拔的想像力，把具象的椅子寓入抽象的意蘊，讓它在萬物中成爲寄托的焦點。以椅子爲輻輳中心，推衍發展各種意象，同時再由各種意象反射椅子，這一知性的邏輯思路顯然取決於智性的成熟，這種智性的成熟使各種意象的輻輳式雙向發展有條不紊，且帶著極強的想像成分，從而擁有相當的感性色彩而避免枯燥的理念說教。

　　除了智性之外，羅門的靈視還少不了悟性的參與介入。如果說洛夫後期的某種禪意更多帶有人與自然和解共融，那麼羅門的感悟多出於人與都市的對峙分裂。這種悟性相當精彩地表現在〈傘〉上，他首先在都市背景下推出雨中的前景：

　　　　他靠著公寓的窗口／看雨中的傘／走成一個個／孤獨的世界／想起一大群人／每天從人潮滾滾的／公車與地下道／裹住自己躲回家／把門關上

然後筆鋒一轉：

　　　　忽然間

　　　　公寓所有的住戶

　　　　　　全都往雨裡跑

　　　　　　直喊自己

　　　　　　　　也是傘

　　　　他愕然站住

　　　　把自己緊緊握成傘柄

　　　　而只有天空是傘

　　　　雨在傘裡落

　　傘外無雨

所有的住戶都朝雨裡跑，且喊著自己是雨傘，「他」（不管「他」
是什麼指稱）在這一片「幻境」中也把自己當做一把傘，此時的
景況亦改變爲傘裡落雨、傘外無雨的「奇觀」。這，並不是什麼
詩人的錯覺、幻覺，而是都市對人性普遍擠壓所產生的一種悟道，
即都市對人的異化，借助住戶與傘、「他」與傘柄的轉換關係，
透過體味的瞬間激發給予巧妙地傳達出來。

　　現代詩人的悟性與直覺、靈感是緊密關聯的，直覺作爲詩人
感覺系統的「尖鋒」，是在知覺水平上，直接感知穿透對象，而
靈感則是大量感性信息積澱基礎上的一種噴射口，它有閃電般打
開封閉思路閘門的功能，而悟性既有直覺的直捷穿透直逼底裡的
能力，又有靈感突然爆發，瞬間激活，頓開茅塞的解悟能力。悟
性已成爲現代詩人感受世界的高級手段。

　　作爲一名大家，羅門的靈視已擁有可觀的資本，其智性的燭
照與悟性的穿透是一種極難仿效的秉賦。

　　　整個寂靜在那一握裡／伸開來／江河便沿掌紋而流／滿目
　　　都是小聲／山連著山走來／走你的形體／翅膀疊著翅膀飛
　　　去　　飛成你的遙遠

在主客互溶、內外交感中，羅門渾身的毛孔彷彿都奔湧彌漫著一
股股生氣靈氣，他淋漓盡致地發揮靈視的優勢。憑著這種優勢，
他走在現代詩的前列。

　　【注釋】

① 　《現代詩導讀》第130頁，（台）故鄉出版社，1980年版。
② 　蕭蕭：《現代詩入門》第200頁，（台）故鄉出版社，1982年版。
③ 　同②。
④ 　《羅門詩選》第9頁，（台）洪範書店，1984年版。

八　想像：「不合法的配偶
與離異」

　　羅門在靈視的統攝下，充分釋放出他另一種心理優勢：想像。
奇譎怪拔之處，舉不勝舉：隨便兩把刀子，能從她媚眼中伸出來，
插在左右心房，並長成兩棵相思樹（〈隱形椅子〉）；路經夏威
夷，少女的曲線從浪中躍起，陽光的弦線，便被眼睛彈響（〈夏
威夷〉）；而鳥的飛翔，能將偌大的天空飛成壯麗的旗（〈樹・
鳥二重唱〉）；而街道全患急性腸炎，紅燈是腦出血胃出血（〈
都市落幕式〉）。各種事物，經過他想像的「撮合」，瞬間便能
迅速「配偶」或「離異」。諸如上述的例子，不過是牛刀小試，
早已見怪不怪。羅門自己曾說：「由於詩與一切事物能發生良好
的交通，完全是依靠聯想力與想像力。所以詩人必須培養自己有
優越與遼闊的想像力，方能使詩在活動中，發揮出同一切往來的
無限良好的交通……」①羅門如此推仰想像，是基於對都市深切
的失望，他認為現代人在都市機械文明的壓榨下，內心的聯想想
像世界已接近零度：拉不出一點距離。人與神與物與自我的交通
連線，早已被急轉的齒輪碾斷，這種抽離與落空，導致人的內在
失明與陰暗，教人成為一頭猛奔在物欲中心的文明獸。為了打開
被物質文明越扣越緊的死鎖，內在的聯想想像是最好的鑰匙。②
如果暫時撇開社會學視角，僅就方法論而言，我們佩服羅門很早
就懂得如何以想像的鑰匙輕鬆地旋開想像之門。這裡有什麼「秘
訣」呢？我們覺察出，羅門有自己獨特的思路，主要是：他放棄

對對象屬性之間的相似、相近點的尋求（即放棄“近取譬”的聯想），而努力追求事物之間屬性特徵的遠距離差異，進而作出更爲「不合法的配偶和離異」（培根語），即追求遠取譬式的想像，在大幅度的分解組合中，創造更高的藝術眞實並形成動人的詩意。

　　想像，其本質是對表象的改造工作，是主觀情思對客觀表象的強大變異，改造變異得愈「離譜」，詩愈有刺激性。詩人的想像要瀟灑，就不能在事物表象屬性相近相似的地方尋找落腳點；如果這樣做，想像往往停留於一般比喻性修辭學水平上。聰慧的詩人往往在表象屬性差異很大、甚至風馬牛不相及的絕路中「鑽牛角」，循著「無理而妙」的邏輯，鑽出驚奇感。西班牙詩人洛爾迦說過：「一首詩的永恆價值在於想像（image）的素質及相互間的一致。」③羅門的想像素質，我倒覺得更多體現於對想像長度、想像跨度、想像密度的出色把握。

想像長度

　　　　將貝多芬的心房／先點火／然後把世界放在火山／射出去／／那是一朵最美的形而上／馬拉美早就等在神秘的天空裡／以一個象徵的手勢／把它指引過去／／一轉目　夢也追不上／它已飛越阿拉貢的故鄉／降落成一座月球──〈哥倫比亞太空梭登月記〉

羅門把自己漫長的創作生涯想像爲登月，創作是隱秘的精神活動，登月則是冒險的空間壯舉，兩者的差異可是十萬八千里，不用說，雙方的聯接點多麼聳人聽聞，就是其想像的距離（時間的空間的）也夠「馬接松」了。先將貝多芬心房點火，意謂詩人早期的浪漫主義情愫如其詩歌內在動力，接著馬拉美的手勢指引，意謂中期的象徵主義作形而上急劇推進，而飛越阿拉貢故鄉連夢也追不上則意謂後期超現實主義的影響。三十多年漫長的創作道路，壓縮

性地想像為一次完整的登月過程，且表現如此完美嚴密，有始有終，正是對詩人想像「耐力」的考驗。功夫不足的詩人或者後勁跟不上，難以為繼，或者想像只停留個別句段。羅門能一氣呵成，游刃有餘，善始善終，顯示出他有很強的想像拉力。

想像密度

> 那是一部不銹的鋼洗衣機／經過六天弄髒的靈魂／禮拜日都送到這裡來受洗／／唱詩班的嘴一張開／天國的電源便接通了／牧師的嘴一張開／水龍頭的水便滾滾下來／在布道詞回蕩的聲浪裡／受洗的靈魂　漂白又漂白／如果有什麼不潔的／更是自目中排出去的那些／不安與焦慮　迷惘與悔意──〈教堂〉
>
> 想像長度

想像的密度是指一定長度語境中，想像的含量。羅門又一次天方夜譚般把教堂想像為不銹鋼洗衣機，確是前所未有，其想像的「觸發點」除教人驚魂未定外，還在於「洗」過程的密度：先是唱詩班的嘴張開──電源接通，繼而牧師的嘴張開──水龍頭流通，接著布道詞回蕩──水流旋轉，然後下漂白粉──靈魂受洗。最後再來一個假設性提升：如果還有洗不乾淨的，便是那些排解不掉的焦慮與悔意。四道想像「接力」，一環緊扣一環，在很短的跑道，密鑼緊鼓般很快跑完全程。

想像跨度

> 眼睛圍在那裡／大驚小怪的説／那是沒有欄杆的天井／近不得／／警笛由遠而近／由近而遠／原來那是廿世紀新聞的天窗／眼睛遂都亮成星子。把那片天空照得／閃閃發光──〈露背裝〉

想像跨度是指想像與對象之間的距離，距離拉得越開，「空白」

效果越好。露背裝與超短裙一樣，是一種充滿性感的現代時髦服裝。對於服裝的想像，或由於司空見慣的惰性，或由於長期類比的鈍化，很容易陷入「近取譬」的圈子脫不出身，羅門耍了個「超高空」飛行，機頭猛然掉轉，忽然和屬性相距甚遠的天井聯接，造成一種大跨度、令人暈眩的突兀，繼而再聯想已成「古董」、難得再見到的新聞報紙的「開天窗」。連續突變轉換，且在沒有任何鋪墊積蓄暗示的前提下進行，這種突發性的大跨度真夠刺激人的神經。在警笛與眼光的烘托陪襯下，露背裝的形象、質感，充滿活生生的韻味，同時亦留下大面積反諷和空白效果。

　　羅門深諳想像的竅門，要儘可能甩開聯想的慣常軌道。畢竟，聯想只是想像的初級階段，而衡量想像的高明高超，竊以為就是上述那三把尺度，即表現在想像密度上擁有較高的頻率；表現在想像長度上擁有持續的騰越能力；而表現在想像跨度上則有足夠強韌緊繃的拉力張力。除此之外，羅門還注意將想像這一優勢與其他心理要素結合，共同構成想像合力：或滲透、或協調、或強化、或催化各種心理圖式，使它們接通「無理而妙」的邏輯線路，觸發出令人暈眩的弧光。羅門對這些心理要素所做的「發酵」工作，主要表現在：情感的想像化，感覺的想像化，理念的想像化等。

情感的想像化

> 在藍得不能再藍的奧克立荷馬／天空藍在湖裡／湖藍在少女的眼睛中／少女藍得可將海藍染藍／太陽選最藍的天空下來／游艇游到最藍的湖上去／旅行車把最藍的假期速寫在風景裡／風景一想到美　便到處拿湖來當鏡子──〈藍色的奧克立荷馬〉

情感是一種不具形摸不著的體驗物，浪漫主義詩人如表達情感常

常採取直接傾訴的直白方式，其特徵是用誇大的手法把情感極化（以至於到極點而造成濫情），現代主義詩人克服誇飾濫情的辦法之一，是注意以想像的曲折邏輯來牽引情感，洩導情感，將赤裸的情感部分或全部地隱藏在想像和意象之中。面對奧克立荷馬，詩人充滿驚喜、依戀、眷顧，如遇故友如見知音的情感，他有意避開早期浪漫派直面對象一對一正面逼近的歌詠，而是把心中美的情愫，寄托集中裝載在一個「藍」字上，且由藍展開無盡的想像。其想像邏輯的進程是這樣；天空藍，染藍少女眼睛，眼睛亦把大海染藍，太陽選擇最藍的天空（即湖）走下來，旅行遊艇寫最藍的風景，風景拿最藍的湖當鏡子。「藍」的想像過程，演化變異過程，就是詩人清新活潑的情感心態的淋漓過程，水彩般一抹一抹給渲染出來，情感溶化在藍字裡面，依托想像的推進，既親切生動，又避免直露濫情，由此筆者聯想起詩歌創作中，情感與想像的關係，兩者確乎「過從甚密」，有時是情感激發想像，有時是想像催生情感，很難分清究竟是誰先「點燃」了誰。其實分清誰先誰後並不重要，重要的是應該記住：情感的直接赤裸，過多過分不好，倒是應該充分借助想像的途徑，讓情感曲折隱蔽一些，附麗其中或「轉嫁」其身。透過想像的邏輯傳達詩人的情愫，總比從情感到情感的「直來直去」，顯然更富韻味情致。

感覺的想像化

> 那隻鳥飛上去／把天空划破了／交給送行的視線去縫／……天空藍得像一個魚池／那隻鳥是拋出去的魚鈎／……那隻鳥一叫／天空便路出那隻大乳房／在衝動中那隻鳥的雙翼／風流成那隻手／一路摸過去／圓山富士山　舊金山／全部是乳房──〈機場・鳥的記事〉

現在詩的美學目標之一是表現人的感覺世界，如果直寫感覺，往

往是局部的零亂的碎片，只有透過想像的加工、整合，感覺上升為詩意詩美的閃光，才能獲得接收者的青睞。此詩充分體現詩人感覺的尖利和想像的超拔。飛機把天空「劃破」了，這一劃讓詩人感覺出是劃出一條「縫」，立體空間轉化為平面空間。詩人頃刻又躍出連鎖想像「交給送行的視線去縫」。無形的眼光變成有形的實物，視線的線且與針線的線「迭合」，在以虛為主的想像交接處，再利用假借的字文，真是機巧得可以！接著詩人感覺出天空藍得像魚池，而飛行軌道就是拋出的細細長長的魚鉤。是感覺牽引想像，想像引發感覺，還是感覺交匯想像？兩者的有機結合，使詩意發出奇異光彩。再接下去，詩人想像飛機的雙翼如手，透過「手」的觸感，感覺出圓山、富士山、舊金山是「乳房」，把這種摸的觸感加以想像化，其效果是單純的感覺或單純的想像難以比擬的。

　　感覺的想像化在現代詩創作中已經佔據越來越重要的位置了，因為現代詩人掌握世界的最初出發點一般是先憑借感覺，而詩的感覺要求其具有放大性、新鮮性、立體性。為使詩的感覺蓬勃展開，又往往在借助想像的推力。正是這種感覺的想像化使「無生命的變成有生命，不具像的變成有形象，抽象的變成具體，模糊的變得清晰，色彩變成聲音，音響轉化為光線，流動的可以凝固，凝固的可以飛翔，短暫的時光可以拉長，狹小的空間可以放大……」④總之，詩的成功，首先取決於詩的「起點」──感覺，而感覺要避免粗糙羅列，最好再經想像的催化加工，那麼原初的感覺很快就會上升為詩意的閃光。

理念的想像化

　　時序逃不出四季的方城／雙目望不回千山萬水／花瓶也養不活青天／……背燈而睡／鏡子背形象而望／於綠葉花朵

　　與果子的接力跑過後／誰也無力去抱太陽的橄欖球／猛沖

歲月的凱旋門──〈死亡之塔〉

一般來講，理念是枯燥乾癟的。通常詩人都力戒理念入詩，但有

時，理念像意念一樣，也能作爲入詩的一種方式。因爲詩的創作

過程，不全然是感性過程，在總體感性過程中少不了知性的暗中

規導，少不了「詩想」的左右，這就使得理念的介入有時在詩中

難以完全避免，而爲了使理念的枯燥生硬成分減弱到最低限度，

對理念進行想像化則是勢在必行的。換句話說，理念的入詩方式

最好能經過想像化的中介轉換。〈死亡之塔〉是寫死亡體驗，本

質上，誰都無法眞正寫出死亡的當然體驗，因爲誰都沒有眞正死

過，因此死亡體驗只能是局部的，臨界的，「淺層」的，總之帶

有一定假定性，因而要難免理念先入爲主，或理念意念的演繹成

分。詩中的「時序」、「方城」、「生命」、「歲月」，都是生

命的有關理念，爲了沖淡緩解，詩人透過一連串意象和想像：雙

目與千山萬水，花瓶與春天，以及眼睛背燈而睡，鏡子背形象而

望等等，寫出死神來臨的宿命與無奈。倘若理念不經任何想像的

發酵，一味孤行堆積，那麼可想而知其閱讀效果，無異於啃榨乾

的蘿葡。羅門由於更有哲學、宇宙觀頭腦，他面臨著的是如何更

有效處理理念，他最喜歡也寫得較多的原型──門，是高度抽象、

理念化的象徵物，蘊含多種含義，僅僅依恃理念自身的說教，門

是無法被推開的。羅門充分發揮想像聯想的優勢，把理念的門充

分開放在想像聯想之中，「鳥把天空的門推開了；泉水把山林的

門推開了；河流把曠野的門推開了；海把天的門推開了……到處

是開門的聲音……」賦予門的理念以多樣色調、音響與意義。同

樣，面對大都市文明病症，羅門通常都用概括性很強的意象，進

行大面積的想象性「圍剿」：「摩天樓已圍成深淵／電梯已磨成

峭壁／地下車已奔成急流／銀河已流成鑽石街／海在傾銷日已出生／眼睛已張開成荒野」顯露出深刻的智性。這就不用奇怪他如何那麼熱衷推舉想像與聯想，把它們比做「繁榮都市的交通網，交通網越精密與開闊，它的繁榮現象也越壯觀」。⑤

　　不錯，羅門的想像之網是織得頗精密，且撒得頗為開闊的，無論其想像的長度、密度、跨度，還是感覺的想像砲、情感的想像化，在臺灣詩壇均屬一流水準。

【注釋】

① 　蕭蕭《現代詩入門》的196頁，（台）故鄉出版社1982年版。

② 　陳仲義《現代詩創作探微》第67頁，海峽文藝出版主1991年版。

③ 　同註②。

④ 　同註①。

⑤ 　同註①。

九　顛倒：常態秩序的倒置

　　羅門詭異的詩風和意象除了得益於他的靈視、想像，還有賴於另一招式：顛倒。他善於在時空、物我、因果諸方面採取顛覆性動作，頻頻瓦解常態世界固有的秩序，以全然逆反的方式歪曲事物之間的關聯，利用錯幻覺、聯覺、聯想調度常規語法，從而教日常的經驗世界發生錯位，教準確的空間透視關係發生倒置。這是典型的羅氏顛倒句型：

　　　　克勞酸喝得你好累

　　　　咖啡把你沖入最疲憊的下午──〈曠野〉

我試著將第二句意思變成其他句型，可有：

　　⑴主動陳述句型：下午疲憊，（所以）我沖咖啡。

　　⑵被動描述句型：是咖啡沖出下午的疲憊。

　　⑶判斷句型：是咖啡，調出下午的疲憊。

　　⑷表態句型：下午的咖啡，很沖出疲憊。

　　⑸有無句型：有疲憊，才有（沖出）下午的咖啡。

羅門的句法與上述不同和複雜是採用另一種被動加顛倒的句型。按日常經驗必須是你沖咖啡才能成立，結果變成咖啡沖你，主動者變為受動者，此為被動結構。再，把你沖入下午：你先成為咖啡，再溶入下午，此為時空關係顛倒扭曲也。由此思路還可以獲得多種演化，如：

　　　　鐵柵等不等於那隻豹的視線

　　　　那把箭能不能把曠野追回來──〈逃〉

> 淚是星生
>
> 家鄉的星空
>
> 便亮到電視的螢光幕上
>
> 　來看他──〈望了三十多年〉

將上述兩例壓縮便成「箭追曠野」、「星空看他」，顯然又是顛倒類型的範例。羅門正是在靈視的廣闊域界上，以超拔的想像，頻頻利用錯位倒置手段，上演一批批令人咋舌的劇目。下面我面就主客顛倒、客體之間顛倒、設身性、置換性、透視性顛倒做一點抽樣解釋。

主客體顛倒

> 我們從眼中拉出八條鋼繩
>
> 將落日埋下來
>
> 海才放心回家──〈海邊遊〉

以地球物理學解釋，太陽之所以成為落日，完全是由於地球公轉與自轉原因造成的。詩人假裝無視這一事實，而讓主體的眼睛錯幻似的伸出鋼纜，硬是把太陽給拖下海。要是嚴格依照科學原理寫落日，準確是準確了，卻無任何詩意可言。因為詩的旨意是造就一種非常規非常態、完全個人化的想像「境遇」，而這種特異新鮮的經驗體驗的獲得，不少要以顛覆主客體正常關係為代價。

> 他不走了
>
> 路反過來走他
>
> 城裡那尾好看的周末仍在走──〈車禍〉

這也是羅門的典型句法。詩中的主人翁被撞死於路上，怎麼可能變成路來走他呢？從相對主義運動原理來看，未嘗不可。潮水般的人群，風馳電掣的車隊，組成都市洶湧的洪水交響樂，整條馬路即是一條奔騰不息的河流。一方是懸置不動的靜物，一方是高

速運動的流體，相對動靜本身就隱伏了關係變更的可能。此時的
死者轉換爲靜止的路面，固定的路面因車流人流的動勢遂成急促
的川流。這樣，無須什麼高超的想像，只需利用一點相對運動的
錯覺，即利用流動的路面與靜止死者的參照，就完成「路反過來
走他」的奇觀。還需指出的是：「反過來走」四個字，十分強烈
地暗示著，大都市車水馬龍的繁華是對個體生存的蔑視與踐踏。
動靜比照之間，都市的狂奔囂張與靜默的死者構成一種極爲冷漠
的人際關係，其批判鋒芒就不用多說了。顯然這種顛倒手法，不
僅僅是純技巧的，而有著深厚的現實背景作爲依托。

客體之間顛倒

　　明天，當第一扇百葉窗

　　將太陽拉成一把梯子──〈流浪人〉

百葉窗和太陽都是詩人心中的客體。按理，當太陽照射窗戶，陽
光該是主動者，百葉窗是受動者。陽光穿透打開的百葉窗，因葉
片關係光線成格子狀（貌似梯子），詩人在這裡把主動者與受動
者調換了位置，讓百葉窗主動把陽光轉變成具有多層格子、貌似
斜長梯子的形態，就此產生陽光變形的巧妙效果。而如果不做兩
者之間的關係顛倒。按正常順序直寫成太陽把百葉窗拉成梯子，
雖然亦還可行，但詩味肯定大打折扣，不如現在，更談不上打上
羅門特有的印記。

　　一顆星也在很遠很遠裡

　　帶著星空在走──〈流浪人〉

星與天空也是詩人心目中的客體。星星在沒有參照物的條件下其
實是靜止的，但由於有主體意識的介入（前一行詩是「他帶著隨
身帶著那條動物，讓整條街只在他腳下走著」），由於有動物與
他與街道一起走，故遠方的星星也受他（還有它們）的「感染」，

並接受順延下來「走」的邏輯支配，也就能帶著整個天空跟著走了。就空間關係而言，星星僅是偌大時空中一分子，是怎麼也無法主宰天空的。就動力學而言，星星啓動天空簡直是永動機問世！其高明就是利用「他」走的動勢與錯覺，利用主體性介入的「影子」力量，誘使星星走起來，隨之信手牽羊般讓天空也跟著走。正是這種「有理」的顛倒才產生如此詭譎的意象。

設身性顛倒

> 而當秋千升起時／一道繩子斷了／整個藍天斜入太陽的背
> 面／旋轉不成溜冰場與芭蕾舞台的遠方／便唱盤般磨在那
> 枝斷針下──〈彈片·TROM的斷腿〉

主體詩人進入特定情景（場景），設身處地以對象的感覺、知覺、目力、視力觀照感受世界，對象就可能改變原來的秩序，發生異乎尋常的畸變。詩人在此詩設身處地「繩子斷了」，秋千傾斜失衡，詩人有意讓自己的目力保留在斜傾的秋千上，並隨「傾斜」轉動，則可見藍天斜插太陽，且還能插入太陽的背面！（太陽竟有背面，可嘆詩人空間透視力之高明。）無論地上萬物如何傾倒歪斜，作爲大氣層的藍天必然「風雨不動安如山」，但由於主體在特殊境遇中作設身處地的「依物觀物」、「隨物觀物」，所以就有可能在刹那間突破萬物恆定的法則，做出某種離奇古怪的空間畸變表演。〈車入自然〉也有同等效果：

> 一隻鳥側滑下來
>
> 天空便斜得站不住
>
> 將滿目的藍天往海裡倒

不管鳥如何大鬧天宮，天空肯定「我自巍然不動」，由於詩人同物交通，設身處地進入同一性界域，所以鳥側滑，天空也由運動的相對性產生傾斜。斜傾還不夠，詩人再作一次想像發酵，乾脆

讓天空整個翻轉倒扣，讓「滿目的藍天往海裡倒」。偌大的天空落入詩人倒置的魔術袋中，可以花樣百出，其嫻熟程度幾近隨心所欲。

置換性顛倒

> 車急馳／太陽左車窗敲敲／右手窗敲敲／敲得樹林東奔西跑／敲得路迴峰轉／要不是落霞已暗／輪子怎會轉來那輪月——〈車入自然〉

太陽之所以能左右移動，忽而敲敲左窗忽而敲敲右窗，完全由於車子左拐右彎所致。詩人巧妙利用太陽頂替車子，即將車子置換給太陽「使」，在這種借代慣性運動下（敲作為推動「槓桿」），連靜止的樹林也跟著「東跑西奔」了。此詩與眾不同的是多一了一個中介——太陽，並將太陽置換車子。這樣，透過多一個層次的借代置換顛倒，詩思的運作，則平添了幾分複雜豐富的情趣。

> 那隻鳥飛上飛下
>
> 天空是小弟弟手拍的皮球
>
> 忽東忽西　忽南忽北——〈機場‧鳥的記事〉

此例的置換比上例複雜了一些。有兩個比喻要搞清楚：一是鳥暗喻飛機，二是天空比做皮球。由於飛機上下飛行，天空也因飛機晃動而晃動。但這裡添上一個比喻性中介——皮球（上一例中介「太陽」是非比喻性的）。天空是皮球，皮球在不熟練的孩子手中，控制不好而竄動，實際也暗示飛機飛行操作中的飄忽現象。其想像之妙是把原本不動的天空成功地轉換為竄動的皮球，從而造成先暗喻（鳥→飛機），再經過中介性比喻置換（天空→皮球）最後達到顛倒（天空飄駛）的效果，其韻味真夠咀嚼的了。

透視性顛倒

繪畫上十分講究透視，即講究事物在空間中的大小、遠近的

正確關係，所以透視又稱「遠近法」，而羅門卻經常有意違背透視原則。

　　天空不穿衣服在雲上

　　海不穿衣服在風浪裡──〈逃〉

將詩句簡化便成：天空在雲上，海在風浪裡。天空與雲、海與風浪的關係，是一種大與小的空間關係，只有大才能容納小，即只有天空才能容納雲、海容納浪。詩人恰恰故意歪曲大小的準確關係，讓小的容納大的，這就造成空間透視顛倒的離奇效果。再看：

　　整座藍天坐在教堂的尖頂上

教堂及尖頂在物理常規世界中只能背靠藍天，以藍天為背景，這才符合遠近準確的空間關係。憑著地面某些參照物（如樹或其他建築）的作用影響，詩人就把藍天「強行」安放在教堂上，表面上是兩個空間合成一個空間，實質上是羅門有意違背「遠近法」，扭曲透視，反倒造成詩的效果。

　　以上簡便分析，很可以看出羅門擁有自己的特技。他的靈視、想像力、詭譎的意象，以及近乎「隨心所欲」的錯位倒置手法，把現代詩推向更富於表現性的廣闊天地。他的持久不衰的才情，連續的爆發力和後勁，使他行走在臺灣現代詩的前衛。

十　幻化：超現實的強大變異

　　西方現代詩歌對臺灣詩的影響主要還是三大主義：意象、象徵、超現實。有關意象及象徵，筆者在前幾年文章已多有涉及，不再重複。至於超現實主義，本人亦不想充當搬運工，繼續販賣布勒東一二三宣言，我只是想斗膽提出，超現實主義的原則其實可以用兩個字來概括，那就是幻化。幻化，是主體心理對現實產生的一種巨大的變異機制。（請允許我對正宗超現實主義作一次小小修正，對不起布勒東。）人們長期生活在一個等級（生命、精神、集團）森嚴的世界，生活在一個屬性幾近不變秩序嚴密的世界，生活在一個自我難以與自我溝通，封閉的靈魂蝸居中。現代藝術恰恰需要有一種超常的變異能力，徹底打碎這種庸常事物，瓦解固有規範，重新喚醒日漸僵硬的經驗，激發心靈的活力，以異乎尋常的幻覺、幻想以及夢幻對世界進行重塑再造。無疑的，這一系列幻想幻覺夢幻所形成的幻化機制，是現代藝術家現代詩人一種重要的心理圖式，與之密切關聯的知覺變異、想像變異、潛意識變異共同顛覆著經驗界、現象界；充滿著對原生心理真實的歸依，也充滿對「彼岸」、「天國」童貞般的憧憬。

　　幻化圖式的成分為幻覺、幻想、夢幻三種。幻覺是感覺系統中的特殊「分支」，它一般是在沒有刺激的情況下，感官所產生的不正常的虛假知覺（如幻視、幻聽、幻嗅、幻味、幻觸）。幻想則屬想像系統中一種高級的超現實「聯想」，它實際上比聯想更高一個檔次，可以說是想像發揮到極致的表現。而夢幻則是中

樞神經系統在睡眠或半睡眠狀態中，「喚醒」的若干願望的幻象圖景。

被稱為臺灣超現實主義傳薪人的商禽，有一個雅號叫鬼才，其詭秘的情思、意象和自由聯想，在早期不少都指向超現實領域。細讀《夢或者黎明》以及《用腳思想》兩個集子，發現商禽判然兩種風格，前者多以散文詩形式，用超現實的觀照面對心靈困鬱的人生荒誕，冷峭且峻切；而後者則不少轉向清朗篤實，堅卓而疏淡。給我印象特深的是前者中，那些由幻覺產生的詭異意象，那些似醒非醒的夢幻景觀，那些快速跳躍翻轉如飛的幻想，都一致標明早期商禽擁有一套相當突出的幻化心理圖式，下面依次小析。

幻覺

> ……帷幔在熄燈之後下垂，窗外僅餘一個生硬的夜。屋裡的人失去頭髮後，相繼不見了唇和舌，樓下，手臂在彼此的背部與肩與胸與腰陸續亡失，腿和足踝沒有去得比較好一點，之後，便輪到所謂存在。

這是〈無質的黑水晶〉的中段，詩人在息燈之後，於空洞而生硬的黑暗背景下，產生一種幻視。是外在的黑，也是內心的黑，漸次吞噬了人的肌體，先是唇舌消逝，接著是肩手背，最後是腿和踝。人處於孤立無援的存在境地，不管肉體與精神都很難存活下去，不但被外在的壓迫（黑暗）所溶解，也被內裡的掙扎（黑暗）所消彌，且參與了那個製造「純化」黑暗的黑暗，成為黑暗的組成部分。作者大概就在特殊境遇（暗視）的掩護下，利用幻視，推銷了他的「詩想」。

容格在《心理學與文學》中曾說過：「幻覺本身心理上的真實，並不亞於物質的真實。」①歌德也說：「每一種藝術的最高

任務，即在於透過幻覺，達到產生一種更高眞實的假象。」②商禽正是透過這種虛假性的知覺來披露自己對存在的眞切體驗。大多數藝術家作家詩人都有較強的幻覺能力。耳聾的貝多芬有突出的幻聽，福樓拜寫《包法利夫人》有吃毒藥的幻味，喬治‧桑時有幻視，鄧肯對舞蹈語言特有的幻能幻動，自白派詩人普拉斯在極度敏感中出現種種幻象幻境，都表明突出的幻覺能力是藝術家詩人一筆可貴的心理財富。心理學上曾做過多次從感覺到剝離實驗，感覺器官一經與外物阻隔，人就很快產生幻覺。從商禽一些作品可以覺察到他往往透過膨脹的幻覺「觸摸」對象，進而變異對象，使幻覺成爲實施超現實的一種重要手段。

幻想

《門或者天空》著實是一齣寓意深遠的獨幕幻想劇。詩人先推出布白～時間：在爭辯著。（抽象性幻想。）地點：沒有絲毫的天空。（即沒有外岸的護城河所圍繞著的有鐵絲網繞著的沒有屋頂的圍牆裡面。）人物：一個沒有監守的被囚禁者（悖論試幻想），接著展開虛擬的象徵性情節：

> 他步到圍牆的中央。
>
> 他手伐下裡面的幾棵樹。
>
> 他用他的牙齒以及他的雙手
>
> 以他用手與齒伐下的樹和滕
>
> 做成一扇門；
>
> 一扇只有門框的僅僅是的門。
>
> 他將它好好的端視了一陣；
>
> 他對它深深地思索了一頓。
>
> 他推門；
>
> 他出去。……

> 他出去，走了幾步又回頭，
> 再推門，
> 他出去。出來。
> 出去。

雖然，這是以幻想爲主導牽引出來的超現實話劇。如果從現實層面上分析，那就是被禁閉於「孤島」上的個人，千方百計設法（用手用齒）製造道口，企圖走出去，爭取身心自由；如果從人類存在層面上分析，那就是被生存「圍困」的「美」，爲擺脫窘境，製造了假想的門，試圖透過假想通道，逃逸出存在的「城堡」，在無數次循環性的進出中，表達超越的願望。

我們知道，幻想在詩人想像系統、想像合力中，是屬於高級階段，是想像的極致揮發。幻想力高超的詩人能輕而易舉變形扭曲事物，能隨心所欲創造遠離現實的天國或地獄，能輕鬆自如導演一幕幕荒誕不經的人生悲喜劇。筆者在論文《顧城的幻型世界》中曾指出：顧城的奇特在於，特別發達的幻覺和特別飛揚的幻想雙向遞增耦合達到頂峰時，被他凝睇的每一個事物都會發生大大的扭曲、變形，超出一般想像之外，並迅速分化，化合成一個自足的幻象世界。③對比之下，假若說顧城的幻覺與幻想還帶著童貞式的純眞、熱情誇耀和充滿對大自然濕潤的感性，那麼商禽的幻覺幻想更多是夾著對人生一種智性的「思考」，一種對存在冷凝的變異，但不管其特色如何，他亢進的幻覺和發達的幻想是顯而易見的，兩者一經攜手聯盟，很容易使他隨時隨地做起「白日夢」來，即經常進入被稱爲超現實的核心──夢幻境界。難怪商禽的詩集名稱與夢有關，難怪許多詩題和內容都籠罩著厚厚的夢的氛圍。

夢幻

> 他們在我的臉上塗石灰
>
> 　全身澆柏油
>
> 　　臉上身上抹廢棄的刹車油
>
> 　　兩眼裝上發血光的紅燈
>
> 　把上輪塞入我的口中
>
> 　用集光燈照射著我
>
> 他們躲在暗處
>
> 他們用老鼠的眼睛監視著我
>
> 他們記錄我輾轉的身軀——〈醒〉

看來，這是一個處於醒與非醒邊緣上的「白日夢」。照理，夢幻是一種非常繁複、詭譎、變幻莫測的潛意識流動。商禽處理這個夢幻有兩個非常突出的特點：其一，此舉不是根據正宗超現實原則照本實錄，而是經過一定知性梳理，用了九個排比，從而去除不必要的枝節雜蕪，使九個意象顯得十分堅實簡潔；其二，此舉不像正宗超現實主義那樣任前意識自由漫溢，而是有意將夢幻規範為有一定指向的意識活動，即「他們」的出場，都以相似手段對我施加暴虐，從而使夢幻焦距、焦點異常清晰集中，比較容易破譯。看來商禽對西方超現實主義的接受並非完全照搬，他還是有自己的主見與選擇的。而另一首典型的〈阿米巴弟弟〉則把單純型夢幻推向高度複雜：

> 拉著我草綠色衣角的小孩，哭打著從樓梯上退下來的阿米
>
> 巴弟弟，對他的邀請我支吾地拒絕了。這簡直是一隻嗥月
>
> 的獸，他的頸子說：為什麼不到樓上我的家裡？那時你看
>
> 見梯子，又細又長，你在城裡有一個窩和一些星子嗎？

　　　我奇怪人有一個這樣的弟弟「是既乾淨又髒的？」像一隻
　　　手，浣熊的，我想其掌心一定像穿山甲的前爪。一個人有
　　　個阿米巴弟弟既像浣熊又像穿山甲，而我在夜半的街頭有
　　　數十個影子。

沒有前後鋪墊，題目亦缺乏暗示，這種夢幻是突發性的。初看簡
直不知所云。原來阿米巴是一種原生單細胞，低等生物，但進入
詩人亢奮夢幻中，則變異成穿草綠色衣服的小孩，且哭著邀我上
樓，同時又變異為噪月的野獸，且頸子扭動著會說話。夢幻中的
我奇怪自己有這樣的弟弟。有一隻浣熊的手，掌心還像穿山甲的
前爪。（清醒者看來不倫不類）這種夢幻中的變異最終亦使我，
在夜半的街頭幻化成「數十個影子」，準確的說，這應該是一個
夢的寓言。在這個寓言般的夢幻裡，究竟是阿米巴從單細胞原生
生物突然進化為會說話的人，還是我從人降格為低等生物，或者
阿米巴轉化為自我的化身，其實是不太重要，重要的是我們已經
領悟到：不管是低等生物和高級動物都有著分明的原性，特別是
「高等的人」，其自我仍擁有「數十個影子」，且具有幻象般不
可捉摸性。也許人的可悲還在於，有時人還得離開人的本質位置，
轉換為「他物」或「影子」，這是現代──「人的神話」悲劇嗎？
「一面固為心理上的恐怖絕望，一面又從情境語字的暗示中，覺
察生命隱秘而無情的蛻變外，人總感受自己存在所禁閉的牽引，
這是非人性所能忍受的自貶感受。」④

　　商禽如此強大的幻化能力，使他在現實與超現實的世界，愉
悅出入。月光可以用來「洗碟子」，也可以用來「淹死人」（〈
月光〉）；行走可以用頭髮，也可以用腦袋（〈事件〉）；腳可
以思想，也可以生長仙人掌（〈沙漠〉）；旋轉的狗尾巴幻化成
旋轉的木星（〈木星〉）；張開的手掌變異為飛翔的〈鴿子〉；

〈外公〉在地獄裡與判官爭辯；離去的靈魂附身於一隻〈穿牆貓〉。
諸如此類，種種「胡思怪想」，都是幻化的結果。幻化，有如詩
人心中的一面哈哈鏡，許多意象事物在哈哈鏡中變形、扭曲、肢
解。不倫不類的組合，神秘的剝離，夢魘般倒掛，荒唐、迷離、
虛幻，充滿對超現實世界的嚮往，而對超現實的全面實施，有時
還需要「配備」一種自種的或半自動寫法（即信筆直書）。這，
就涉及到另一個話題了，就此打住。

【注釋】

① 容格《心理學與文學》，《文藝理論研究》1982年第1期。

② 《西方文論選》第446頁，人民文學出版社1964年版。

③ 陳仲義《論顧城的幻型世界》，《當代作家評論》1988年第3期。

④ 李英豪《變調的鳥》，（台）1976年《好望角》。

十一 意識流：「閃回」式 自由聯想

意識流小說及技巧，風靡了大半個世紀，弗吉尼亞・伍爾夫曾對它的原則和方法作過一段極為精闢的論述：

> 讓我們在那萬千微塵紛落心田的時候按照落下的順序把它們記錄下來，讓我們描述每一事每一景意識誤印上的（不管表面看來多麼互不關係，全不連貫的）痕跡吧。
>
> 傳達這變化萬端的，這尚欠認識尚欠探討的根本精神，不管它的表現會多麼脫離常軌，錯綜複雜，而且如實傳達，儘可能不屑入它本身之外的，非其固有的東西，難道這不是小說家的任務嗎？①

那麼，詩歌的意識流又是怎麼回事呢？現代詩的意識流與小說的意識流有何異同？它又有什麼屬於自己獨特的形態？以及它是由何種機制形成？弄清這些問題，有助於我們現代詩又一心理圖式的把握。請先閱讀一段經典意識流小說：

> ……隔壁的鬧鐘像公雞一樣鳴叫唧唧呱呱吵得頭昏腦脹看看我還能捐瞌睡不一二三四五什麼樣的花兒他們創造出來像星星一樣那龍巴特街上的糊牆紙要可愛得多他給我的圍裙也有些像那樣只是我只穿了兩次這燈低一點更好再試試我能早起……讓他們送我我們一些花放在那裡萬一明天他帶他回家今天我想不不星期五是不吉利的日子我先要收拾一下灰塵滿了我想我睡著時我們有音樂和香煙我能給他伴

奏先要用牛奶把鋼琴鍵擦乾淨我穿什麼我要穿白玫瑰……

——摘自喬伊斯〈尤利西斯〉

作為意識流經典作品，喬伊斯大量引發潛意識無意識活動，採用內心獨白，夢幻囈語，時空顛倒，間斷插入，語序錯亂，雙關語外來語乃至無標點。表面上看是如此混沌無序，但仔細梳理，還是可以理出主人翁莫莉意識流動的連續性，而這種意識流動顯然又是自由聯想驅動的。莫莉在迷糊中想起了中國人，想起修女早禱和隔壁的鬧鐘，且從花聯想到糊牆紙，從糊牆紙聯想到丈夫送的裙子，再聯想到燈、花、收拾屋子、穿衣等。從類似這樣經典的小說意識流範例中我們發現，未加多少控制，聽憑漫溢的自由聯想是意識流一個重要組成部分，同時也是意識能夠流動起來的主要原因和主要表現手段。因此，把握了自由聯想，實際上在相當程度上也就把握了意識流。

不言而喻，自由聯想在詩歌思維運作中發揮到極致時，往往產生詩的意識流現象，例如現實碎片與夢幻的連綴；瞬間印象與積久經驗的突接；即時體驗與原型的混合；遙遠記憶與此在意念的重疊；潛意識與處於臨界限的顯意識的交叉，以及由情緒、幻想激發起來的各種心理能量，都可以匯成難以駕馭的自由聯想之流。自由聯想之所以能成立，主要是由於：第一，觸發體與聯想物本身存在或相似或相近或相反或因果關聯，它們構成聯想得以溝通的前提；第二，人腦所具有的暫時性神經聯繫性質，使觸發體與聯想物（即內在意象）可以從這一個意象跳至那一個意象去，完成各種串聯、並聯的縮結運作。而人類的思維學其實早已總結出聯想五大定律：即相似律、相近律、相反律、對比律和因果律②，借這些規律，讓我們考察現代詩的意識流是如何運轉流動。臺灣超現實主義傳薪人商禽，他早期的詩帶有相當程度的意識流

成分，自覺或不自覺運用某些自由聯想。下面也以他兩首散文詩為範例，就自由聯想的諸種關係分解其意識流流向。

路標

> 直到曉得以前，魚正要死去。停在一塊距我二十公尺的公路標誌牌前，一個人無奈何地學著它交叉的手臂；那看不清的面孔，我想：這種無目的底凝視會是哪一種語言？若是家裡，後院的梨樹上怕已經結滿通紅的鼻子了，通紅的小手，而且發亮，若是那種語言，風會說，樹會說，即連爐火的聲音發藍我也會聽；沒有人會懷疑；會像我和這路標彼此猜忌，且停在偌大的一隻垂死的魚腹下用眼睛互問著：你是冬天嗎？

乍看，〈路標〉中的各種意象似無關聯，令人費解。但仔細推敲，尚可發現其自由聯想有六個層次：起句突兀一個魚的意象，讓人丈二金剛摸不著頭腦，緊接著是路標和手臂，三者分屬動物、物體、人物，雖然性質相距甚遠，但其性狀形態較為靠近，構成第一層次的相似關係。接著由手臂自然引出面孔，由面孔引出眼睛（凝視），再引出語言。第二層次就是由人自身屬性各方面的同一關係（手臂、面孔、眼睛）構成接近聯想。第三個層次則是因果關係，由凝視的語言（眼睛）透過假設（若是）引出後院梨樹的虛擬性情景，是一種潛在因果鏈。第四個層次是相似關係，由梨樹引出「果實」——通紅的鼻子與小手，再接下去是回到前面的假設（若是），由凝視的眼睛——無聲的語言引出風，引出樹說話、爐火發聲，構成第五個層次在聲音屬性上的相近關係。最後一個層次返回開頭、路標、魚的意象，形成一個封閉的意識流片斷。但最後一個問句「你是冬天嗎」，又明顯打破這個封閉，顯出開放狀態。下面是這四種聯想在六個層次中的簡化：

(1)相似聯想：魚——→標誌牌——→手臂

(2)接近聯想：面孔——→眼睛——→語言

(3)因果聯想：（潛在）哪一種語言——→梨樹

(4)相似聯想：「果實」——→鼻子——→小手

(5)接近聯想：語言——→風說——→樹說——→爐火聲音

(6)相似聯想：人——→路標——→魚

再看〈木星〉：

窗子那面的爐灶旁，在滾動著的地球的後

相反及對比聯想

面，天空是落寞的媽媽的眼睛。雲在發炎。

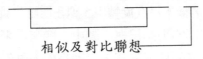

相似及對比聯想

菜鏟子舞動著，聲響是受驚的鳥從熱鍋中

因果聯想　　　因果聯想

飛起。而且一個孩子在一瞬間長高；一支

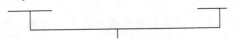

接近聯想

剛剛從午夢中醒來，因爲咬不著自己的
尾巴而不斷旋轉的是黃狗亦是木星

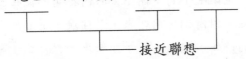

接近聯想

第一個層次，詩人的奇想是透過靜止的小小的爐灶聯想到大大的滾動的地球，帶有對比加相反聯想邏輯，接著由天空廓大空曠聯想媽媽落寞的眼睛，也有對比加相反聯想的痕跡；此外還冒出雲作為「眼睛」的聯想物：雲或薄薄發亮，或斑斕著光彩，呈現出「發炎」症狀，與眼睛剛好「合拍」，有暗示或托喻媽媽眼睛的功能，這是接近聯想。第三層次舞動的鏟子引起響聲，而響聲是鳥從鍋中飛起，顯然前半句是因（舞）果（聲）聯想，後半句則是相似聯想。（此句還妙在響聲轉化為一種連續動態的視覺過程。）第五層次由「飛起」的空間狀態聯想孩子「長高」的另一空間狀態，是接近聯想。最後一層次，由黃狗不斷擺動的尾巴，聯想到木星，時空跨度之大著實令人吃驚。木星是地球九大行星中自轉速度最快的，形狀呈扁形，其軌道有不規則雲霧「纏繞」，另又有十四顆衛星環繞，這樣木星在旋轉中，似乎隱隱也裹上「圍巾」之類，詩人由此將旋轉的狗尾巴與「圍巾」聯繫起來，且用是做等值判斷，這種大幅度的接近聯想，尤顯奇崛。誠然，〈木星〉的自由聯想比〈路標〉跨度更大，如果說這兩篇都是以片斷的、偶然的、隨意性聯想為其特點，那麼下面的〈醒〉則是另一類型，透過夢幻，把人生的旅程壓縮在單線思路裡，這是一種比較單純的自述性意識流：

> ……我自己的雙手，亦不能叮囑我，自己的魂魄，飄過去，打窗外沁入的的花香那樣，飄過去把這；廝守了將近四十年的，童工的，流浪漢的，逃學時一同把快樂掛在樹梢上「風來吧，風來吧」的；開小差時同把驚恐提在勒破的腳跟的新草鞋，同滑倒，同起來，忍住淚，不呼痛！也戀愛過的；恨的時候，沉默，用拳頭擊風，打自己手掌的；這差一點便兵此一生的；這正散發著多麼熟習的夢魘之汗的；

臭皮囊，深深地擁抱。

童工、逃學、提著草鞋開小差、戀愛、拳頭擊風，夢魘般在意識的屏幕——快速閃回，於一個平面上壓縮了主人翁大半生，商禽的這類表演顯然比前兩種清晰好懂，它基本上是按線性時間進程作斷片串聯。

以上簡析，可以明曉小說的意識流與詩的意識流都是為了挖掘人的靈魂深處原生本真的東西，它多沉積於人的潛意識半意識「夾層」，擁有極大的時空跨度，能夠迅速釋放細膩瑣屑的心理體驗物，挾帶或與情緒「合流」。小說的意識流由於多少存在一些前後場景及氛圍，故小說人物的內心意識流線索較易把握；由於它強調原生意識的非加工，因而帶著更多雜蕪與瑣細，也由於在更大時空範圍內，把許多外在的東西統統轉化為內心獨白，所以它的意識流更具立體網絡狀的心理結構。詩的意識流由於篇幅有限，水分務必大量擰乾，壓縮密度變大，加上缺乏前後情景氛圍鋪墊，它的跳躍、間斷頻率極高，更由於現代詩的特質——生命體驗的瞬間屬性所規定，它的意識流無疑顯出更多隨意、偶然、突發、閃回的性質。

詩的意識流的發生一般是藉潛意識與情緒的潛在發酵。當外在觸發物與內心某一情思觸點遇合，或者內心某一「意象」因受外來刺激開始鮮活，進而引起一連串連鎖式反應，這時知解因素如思辨、知性、智性、注意、意志，大為削弱，相對多一些的感性因素如印象、體驗、回憶、突發意念則大大被激活了，連同前意識、半意識及情緒，泛湧成一股股「粉塵般」的集合體，自「靈感」的噴口脫穎而出。如若說現代詩是以生命體驗的瞬時完成為其主要特徵，那麼意識流實際上是現代詩一種極端的生成方式，而自由聯想則是導致這種極端方式的主要途徑，為了不使這種極

端方式走火入魔，詩的意識流寫作，應當特別注意掌握好自由聯想的「度」：

其一，控制好自由聯想隨意與偶發的頻率，不能任其無節制漫溢，否則過於快速隨機的意識流將造成通篇囈語。

其二，注意掌握自由聯想的中斷與銜接，在「結合」部應該保留繼續生長的線索，否則也會造成欣賞解讀的巨大隔膜。

【注釋】

① 引吉尼亞‧伍爾夫《現代小說》，見《外國文藝》，1981年第5期第211頁。

② 亞里士多德最早提出聯想三大定律，後人發展爲五條，19世紀英國托馬斯‧布朗甚至提出九條聯想副律。「相似」指外在形態屬性或內蘊相對比較一致；「相近」指時空位置或關係上的接近。

十二　荒誕：乖謬怪異的話劇

……俺喜歡鄭板橋、金聖嘆、蘇軾／還有她娘的超現實／
俺喜歡那些青銅、那些古畫、那些漢唐以前的玩藝／……
俺喜歡鬼／俺喜歡怪／俺喜歡那些稀奇古怪的東西／俺就
是這個鬼樣子／管你個屁事──〈俺就是俺〉

這是管管戲法法國詩人裴外《我是我》的一首「自畫像」，只引
用一小段，不難看出，骨子裡那蔑視權威、睥睨偶像的叛逆，不
拘小節、獨來獨往的狷介，乃至野童淘氣鬼的天真率真，也都流
露幾分。落拓不羈的氣質，我行我素的品性，終於成為臺灣詩壇
一匹桀驁難馴的「怪獸」。

　　洛夫說：「在中國歷代詩人中，管管是一異數，他有能耐開
啟別人的門，登堂入室，俯仰自如，但別人是否也握有一把開啟
管管之門鑰匙呢？」①我以為，管管詩風與行為有那麼多怪異之
處，主要源於他的荒誕意識。加繆曾稱荒誕是「人類精神中渴望
和世界上實現這些渴望的可能性之間的深淵」。②存在主義認為
世界是荒誕的、醜惡的、不合理的，人被醜惡的現實所包圍驚嚇
所左右，世界已喪失意義，但人的本能欲求還得反抗這個痛若的
深淵，於是荒誕作為存在的根基又作為反抗的手段，演出了一幕
幕話劇，我們在「城堡」、「椅子」、「犀牛」、「沙箱」上覷
見了根源於此的種種危機。

　　讀完〈荒誕之臉〉，再望著那把蓬鬆邋遢的大鬍子，我很自
然把這篇文章的題旨瞄正荒誕的準星，那副被壓歪被壓扁的鬼臉，

於荒蕪寥廓裡彳亍獨踽，於現實與超現實的演練中翻出種種怪相。
應該意識到，這類怪誕荒誕的是對社會環境一種曲折不乏辛辣的
抗議，是對人生世相抽筋剝骨式的嘲諷，故能於乖戾鬼譎的情景
中如入無人之境般嬉笑怒罵。我接著想，這種荒誕，既跟管管的
存在態度有關，又與他的思維樣式不無關係？意識流，自動寫法，
以及潛意識，大概都曾催化過這種「定勢」。不是嗎？那些超現
實的臆想「我想好境把我造成一尾魚，好讓我找到水經注裡去」
（〈聽水的人〉）；那些童真式心理：「給月亮深深釘上一枚釘
子，再繫上一把線，牽著他玩玩」（〈四方的月亮〉）；那些顛
倒性思路：「吾問書，他正讀吾到第幾頁」（同上）；那些自動
或半自動寫法：「高高的草下有低低的雲，低低的雲上有高高的
樹」；以及那些意識流的閃爍：「光聽黑人奧非。野獸。野獸。
吾愛勃拉姆斯。晚安。憂鬱。」（〈去夏〉）……都使管管的荒
誕在同代詩人中「金雞獨立」。這，或許是解開管管的一把鑰匙？

在〈太陽〉一詩中管管寫道：

> 一睜眼太陽那小子把個皮球朝著我們家窗台就踢過來。…
> …我娘子急忙去拉後窗帘，總算把足球給四四方方的擠扁
> 在牆上。我娘子用她那隻小手拼命往牆上壓就像弄年畫。
> 「真氣死老娘，快捉快捉，連個球尾巴都沒有捉到。」我
> 可親眼看到我娘子提著球尾巴凌窗去了。（落花猶似墜樓
> 人嗎）是自殺他殺反正不是情殺。青天大老爺這件案子太
> 陽是幫凶。不干卿事。

> 奇怪的是，我娘子竟懷了孕，竟臨了盆。

在〈魚〉一詩中管管又寫道：

> 他讓他的長著一頭長長柳條的女兒，在月光下裸晒晒成一
> 枚熟桃子，然後把她丟進有著藻荇的溪流裡，讓溪水沖去

　　　　她滿身月光，讓伊變成一條有長長雙尾的魚。
這兩例都是典型的荒誕之管管。作爲審醜範疇的荒誕，其本質含
義是虛幻、荒唐、怪異。它是現實世界中根本沒有也不可能有的
「事實」，它僅僅是想像世界假定世界中的一種「虛有」。「所
以，對荒誕無法以眞實的運動形式來判斷它，虛有超乎事物的常
態於非常態之上而成爲一種永恆的東西。」②不錯，荒誕是一種
虛有，一種由主體想像決定對象關係的虛有，由此產生的荒誕效
果往往由象徵變形與虛擬手法來實施，且跨度之大，常人難以想
像，以致聳人聽聞，驚世駭俗。你看「老娘子提太陽竟懷孕了」，
「女兒晒月光竟成了雙尾魚」。諸如此類，還可以荒唐爲：星星
們跳傘荷花們登月胃們腸們罷工絕食等，管管正是巧妙利用荒誕，
利用荒誕來反抗人的神話，反抗虛僞的理想主義，反抗盲目的樂
觀意識，讓人重重地跌入「地獄」、「深淵」，去體味另一種人
生滋味。下面再引幾例：
　　　　把眼睛拆下來裝進罐子裡
　　　　把頭髮編起來做繩子
　　　………
　　　　把牙齒掀下來一本本疊好
　　　　把肋骨腸子便壺等等
　　　　都統統裝箱或者壓扁
　　　　再用繩子五花大綁起來
　　　　好！準備上車，押赴刑場──〈搬家〉
作者經年飄泊，四海爲家，一生大搬家就有三次，每次搬家都苦
不堪言，眞不亞於瀕臨死刑之感覺，故作者痛苦之極，以至荒唐
虛擬出：把眼睛、頭髮、牙齒、肋骨、腸子卸下來壓扁裝箱。此
舉眞教人噤若寒蟬，不知所措。這種推到極致的怪異，既是一種

超現實的虛有，同時更是一種根扎大地有根有据的魔幻的現實。

魔幻的現實愈演愈烈，嘲諷鞭笞自身的落點開始移向社會的否定面，在一系列怪誕虛幻的景象後面，閃爍著管管犀利而清醒的鋒芒，什麼時候，詩人又臆想出一部大製冰機，用鞭子把一群海趕出來冰結，於是──

> 吾們切著吃冰彩虹　把它貼在胃壁上　請蚵蟲看畫展　把
> 吃剩的放在胭脂盒裡　粉刷那些臉　再斬一塊太陽　刮一
> 塊夜　讓他在肚子裡防空　私婚　生一群小小黑太陽　生
> 一群小豬　再把月和海剁一剁　吃鹽鹹月亮　請蚵蟲們墊
> 著鹹月光作愛　吹口哨，看肉之洗禮　把野獸和人削下來
> 　咀嚼咀嚼　妻說　應該送一塊給聖人嘗嘗……於是吾們
> 把憤怒憂鬱微笑連續起來吃光　五們就雙雙睡去　然後隨
> 便他們去聯合國或者什麼地方喊冤
>
> ──〈饕餮王子〉

是不是精神與物質處於大飢餓大貧困線下，因此人們什麼都吃，不是一般的吃，而是貪婪的吃，暴殄天物的吃，無所顧忌的饕餮，吃得痛快破壞得痛快揮霍得痛快發洩得痛快，甚至把所有的憤怒歡樂憂傷全部吃光，然後睡覺什麼都不管。這是以一種荒誕的吃法抵抗存在的壓迫，宣洩對存在的不滿，乃至挑戰？

管管持續在荒誕吃法上大做文章（想必他有高超的烹調術和胃口），他大擺「人肉」筵席，先是吾們吃它們，然後翻一變，請它們吃吾們──

> 吾把蚊子的櫻桃小口，給擦上口紅／讓伊先去親妻子幾口，
> 妻的肉溫柔／再讓伊去親女兒幾口，女兒的肉嫩如春韭／
> 再讓伊去親兒子幾口，兒子像小牛肉／給每個人留下幾朵
> 紅的吻痕／當作一點兒心心相印！／／至於吾的肉，是老

肉，隨便吃吧／這樣蚊子的肚子裡就有了吾們家四個人的
肉／這比管夫人調合的泥娃娃更親熱／／於是，吾把這隻
蚊子請進冰箱避暑／當青蛙把月亮吵到中央那天晚上／吾
們就把那隻蚊子從冰箱裡端出來加上一點醋或者醬油什麼
的／一家人吃著蚊子喝酒／／你任該知道吧，那時候／吾
吃著妻的肉，妻吃著兒子的肉，兒子吃著妹妹的肉，妹妹
吃著老爹的肉／／吾們一家人互相吃著／每一個人的溫柔。

　每一個人的溫柔／真是他媽的溫柔！──〈蚊子〉

此詩明白曉暢，通俗易懂，像個「卡通」片，不必做太多解釋。
把情節略去，這裡的邏輯只剩下：蚊子吃全家的肉，全家反過來
吃蚊子，這就是等於全家互相吃著。在溫柔的面紗下，大家互相
吃著。在這荒誕的故事框架和荒誕的邏輯進展裡，是否流露出詩
人一個並不荒誕的理性：即使在如此美妙富於溫情的家庭中，實
際上還存在著某種「互吃」的殘酷關係，血緣最密切的家庭尚且
如此，遑論社會、階層、集團、家族？

　　荒誕，不管作為存在意識或表現手法，已成為現代詩人把握
世界的一種方式，就積極方面講，它在探尋人的本性、確立人的
位置、全面解剖人的本質方面，無疑提供了另一種觀照角度，它
的審醜效用常使我們為虛偽世界的危機而震顫，為被美化的人的
局限性、人的負值面的洞開而戰慄。實際上，只有極其清醒的眼
光，才能在極其乖謬的怪異中清楚地看到「癥結」之所在。所以
在某種意義上可以說，荒誕意識及其手法的運用，是現代人性反
視自身，再度覺悟的標誌之一。加謬說：對生活的荒誕性的描繪
本身不是目的，而僅是一個開始④。隨著後工業社會來臨，隨著
存在危機日益加深，以荒誕藝術把握世界的方式將會得到進一步
推行。管管只不過在臺灣詩壇開了個頭，這個荒誕之頭，大概也

是70多年來新詩發展史鮮見的。在新詩發展史上，任何一種藝術
方式、藝術手段的開「頭」，難免過激，但他們畢竟為新詩的藝
術發展注入新質與活力，故筆者對各等「開國元勛」，一向忽略
其疵而讚許有加。

【注釋】

① 葉維廉主編《中國作家論》第212頁，（台）聯經出版事業有限公
司出版。

② 陳慧《西方現代派簡論》第150頁，花文藝出版主，1985年出版。

③ 楊楊《論文學中的荒誕和怪誕》，見《當代文藝探索》，1987年第
3期。

④ 轉引《荒誕與「反抗」》，見《南京大學學報》，1984年第4期。

十三　插入：結構的變奏

　　寫完管管的「荒誕」，意猶未盡，再認眞琢磨一下他的散文詩，發現與商禽的各有千秋。商禽講究意識流的幻化，高度壓縮情景，跨度較大。管管的散文詩不乏事件情節的完整性，猶有極出色的細節；獨來獨往，寫得更加飄洒。而其中有一個並不引人注目的小技巧——「插入」，似乎還沒有人談論過，不妨囉嗦幾句。讀管管詩選，順手錄下一些，可以看到臺灣詩人即便對此類「雕蟲小技」，也應用得頗爲順當。管管在情節、情景完整的架構中，常常突然插入與其無關聯、或關聯不甚密切的句子，從而獲得某種變奏功能。這種變奏，給「按部就班」的樂章增添一段自由「華彩」，或破壞某些過於整飾呆板的部位，使「樂段」變得更爲豐富多彩。計有聯想性插入，強化性插入，承轉性插入，提升性插入，解構性插入，阻隔性插入，以及大家比較熟悉的補充性插入，縮結性插入。

聯想性插入

……有那麼多空洞的眼睛，從蓮蓬看過去

　　便是靶場（激動的槍）

　　便是青青草原（風吹草低見牛羊）

　　便是幽幽河（大江東去！）

　　便是甘蔗田（弟弟的寵兒）

　　便是煙囪（太陽的煙斗）

　　便是海（藍的家鄉　魚的墳場）

> 便是青空（風箏的天空　星星的牧場）
> 便是眺動的太陽

原詩係連排，爲清楚起見，特改爲分行。所有的括號都是前面物象的聯想。前幾講已提到，聯想有五大定律：相似、相近、相反、因果、對比。管管在這裡多採用相近、相似聯想，即在屬性特徵及時空關係位置上尋求同一「類比」。此段詩除了古典意境的插入聯想，由草原想到「風吹草低」，由河想到「大江東去」，其餘基本上也都是相似相近聯想：由靶想到關係密切的槍，由煙囪想到煙斗，由海想到魚。

強化性插入

> （您那樣貼滿青苔的臉，雕滿甲骨的臉，結滿繩索的臉，
> 弟弟壓根兒不稀罕）
>
> 陀螺的臉被一鞭一鞭的抽著；漂泊・漂泊；像一筆一筆的
> 顏眞卿；您只是斷了線的風箏；漂泊・漂泊；漂泊著那麼
> 一種鄉愁。
>
> （悠悠的臉貼滿一份份新聞紙。貼滿一張張的告示。爬滿
> 一隻隻急躁的螞蟻）──〈弟弟之國〉

核心意象是布滿鄉愁的陀螺臉，爲了塑造這個臉，連續用四個漂泊來形容它。面前後括號中的臉，則是用各種形態、色彩、質地來強化它，擴張它，深化它。這不是補充性的說明，而是加強性的渲染；透過青苔、甲骨、繩索、新聞紙、告示、螞蟻（皺紋），多層面強調古老而悠遠的鄉愁。

承轉性插入

> 春落在那個蝴蝶樣的風箏上。春坐在秋千上。

　　「淚眼問花花不語。」

　　　那個年輕人在讀碑人。──〈四季流水〉

風箏與秋千都是飛翔物，可以載春逡巡，擬人化的春天所構成的
語境，很容易承轉過渡相類似的〈蝶戀花〉意境，特別是前一句
字尾秋千的「伏筆」，更觸發起「淚眼問花」的境遇，由這一句
承轉性的名句插入引出後面相克相反的張力場──年輕人讀碑文，
實際上也承接前面傷花、怨花、悼花（即傷人、怨人、悼人）的
語意。承轉性若「插」得巧妙，往往產生極為自然熨貼卻令人怦
然心動的效果。

提升性插入

　　一座小墳埋著一個美麗的尸
　　一座小墳埋著一個美麗的尸
　　驚動。
　　「在天願為比翼鳥，在地願結連理枝」──〈四季流水〉

同樣再借助膾炙人口的古典名句，在同向詩情運行中，突入某種
帶有結論性警語，使前面鋪展的情境獲得總結性升華。

解構性插入

　　……風箏像你你像霧霧像煙煙像吾吾像你你像春天

　　春天就像秦瓊宋江成吉思汗楚霸王
　　秦瓊宋江林黛玉秦始皇像
　　「花非花
　　霧非霧」
　　──〈春天像你你像煙煙像吾吾像春天〉

在一大串類似自動寫法的「連環套」裡，作者用介詞「像」拖出

一系列連鎖反應，最後以白居易的話對前面做出否定性消解：花不是花，霧不是霧，讓人大煞風景。這種禪意讓心感到人生無常，再次應驗管管所愛說的「人生如夢，夢如煙，煙如屁，屁一個錢也不值」，從而把作者前面一大片意緒流動徹底撕碎。最後這句插入起到詩眼作用，一個緊急的刹車，無意中遁入禪道似非而是的悖論，也許這正暗合後現代語意的解構。

阻隔性插入

吾把春夏秋都拾放在火盆裡燒了。

燒一張。吾哭一聲。哭一聲。吾燒一張。

爆竹會對你說話的。

吾要騎著驢挨家挨戶報喪了。

「暗香浮動月黃昏」——〈過客〉

只留下一個少女的薔薇色只留下一個少女的薔薇色
也就夠了也就夠了只留下一個少女的薔薇色

「匣中寶劍夜有聲」——〈薔薇與冬〉

管管不時在前一個情景或喟嘆之後倏地冒出一句眾人熟悉的古詩詞，幾近無關聯，讓人產生強烈的孤立感，兩者之間究竟是否形成某種關係某種結構某種溝通？這種突襲性插入——現存與彼地、古代與現在的瞬間阻斷切割，多發生在結尾，往往教人似悟非悟，撲朔迷離，而帶有神秘主義色彩。

除此之外，還有補充性插入：

吾們的母親是娼妓。（呀。戰爭的太太）——〈太陽族〉

括號內顯然是對前頭句子的補充。

結構性插入

（是的。報告排長。）

（報告排長。是。是的！）──〈住在大兵隔壁的菊花〉

用三個機械而嚴肅的語調，串聯起主人翁對菊花的態度，也串聯起菊花「事件」，在縮結事件情節中，流露相當的反諷意味。

利用括號或引號以及前留空行明示插入部分，這是管管「插入」的鮮明徵記，在視覺上給人一種期待變化的準備，他的插入法最突出的特點是現在時態猛地突入古典詩詞，引出另一種境界或構想，造成跌宕與空白效果。

管管，假若當代詩壇舉行詩的「插花」藝術比賽，我一定投你一票！

十四　敘述：言說的視角與姿態

　　敘述，是敘述文學一個最重要也是最基本的手段。但在古典與浪漫詩學中不受青睞，這當然是因為「敘述」違背抒情詩的特質。然而，隨著現代主義對抒情、濫情、誇情、矯情、飾情的壓制性反撥，敘述因子不斷凸顯出來，再加上現代詩學對敘述文學諸方面的參鑑借用，敘述手段近年倒成了現代詩學的熱門貨。

　　按傳統定義，小說的敘述是指對人物事件環境所作的說明和交待，而現代詩歌的敘述應該是指抒情主體特有的一種言說、交談方式，一種對話的姿態。由於詩歌主體性無所不在的強大存在，詩歌一方面成為最能表露自身靈魂世界的獨語（獨白）形式；另一方面成為構成敘述者與接受者雙方最真實的交流（對話）形式。

　　當然，現代詩歌的敘述方式絕不能像小說那樣鋪展情節事件環境、刻畫人物，它所敘述的事件只能是心靈化了的靈魂事件、情感事件、潛意識事件，而且事件只能是濃縮的碎片的，甚至僅作為潛在的背景，不出現於字裡行間。也就是說，主體詩人對事件的敘述，不是漸進描述型的，而是跨躍的感悟式的。那麼，現代詩歌的敘述模式由什麼構成的呢？我以為主要由敘述角度與敘述姿態決定，試以下面簡圖歸納：

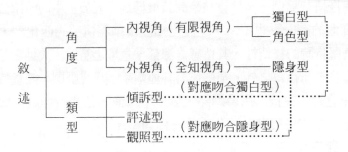

　　現代詩歌敘述角度是指言說者的立足點即視點，這種視點在大的分類上與小說沒有什麼差異，同樣可分爲內視角（有限視角）、外視角（全能視角）。內視角是指主體詩人與本文中主人處於同一視界中，兩者言說絕對同一，主體的我與本文的我毫無二致。再一種情況是，雖然處於同一視界，但主體詩人卻是「替代」本文中的「主人」（包括「物」，比如我以石榴口吻言說，我以杯子身份敘述）。這樣，內視角就衍生兩種敘述類型：一種爲主體詩人自言自語的獨白型；另一種爲主體詩人充當頂替他人他物言說的角色型。

　　與內視角（有限視角）相對的是外視角（全能視角）。它是主體詩人以第三者身份，站在「局外」全知全能式地言說對象，猶如上帝一樣不受任何時空限制，擺布一切。由外視角自然引出一種隱身型的敘述方式：主體詩人遠遠地躲在幕後，像布袋戲的捉線人操縱手中的「傀儡」，這種敘述沒有主觀成分的介入，往往呈現無傾向的客觀化，受動者就在這種非指涉的情景中展開充分聯想而獲取多義的啓示。當然，內外敘述視角的三種類型並非截然分開，有時互相交迭、穿插，產生雙向、多層的「複調」效果。

　　爲不使敘述被敘事詩的敘事給混淆模糊，本文特以辛郁的一

系列抒情詩為例。辛郁曾被臺灣詩壇稱為「五公」中的「冷公」，其實他的詩一點也不冷。在提倡知性、削弱情感的西化期，辛郁一直堅持詩的抒情性。其情感之濃郁、意境之豁朗、入世之悲憫，都在我先前預料之外。辛郁還有其他兩手：小說戲劇，產量特豐，也許他的小說技法用得嫻熟，無形中給他的某些詩作烙上敘述的印記。本文先展開敘述角度的三種類型。

獨白型

> 久違了　我黃皮膚的親人
> 今夜我將不夢
> 我醒在　你們全神的凝注中
> 耳際迴繞　熟悉的話語
> 我說：回家真好──〈石頭人語〉

一般來講，人的心靈世界是封閉的，堵塞的，不透明的，特別是現代社會，各種歷史地域經濟的束縛，使人自身與他人存在巨大隔膜，但人與自我交流總是比與他人交流更容易一些。這就是為什麼詩人總樂意並擅長於採取一種「自言自語」的方式。這種自言自語是自我擺脫困擾，擺脫孤獨，尋找心理慰藉的有效方式。辛郁在夜深人靜、轉輾難眠之際，不覺袒露自己濃郁的鄉愁，他要從生命內層伸出「意念之手」去挨家挨戶敲門，在遠離故土的漫長歲月，可惜僅能以自我言說──自己聽見自己心聲的方式傾瀉、釋放積久的情愫，從而取得心理平衡。辛郁大量詩作多是採取這種敘述情感事件、心靈事件的獨白型方式，相當直截了當，真誠赤誠。由於主體性的強大存在，主體性語勢語調強烈的直接性，往容易使受動者馬上被認同感染。

角色型

> 我敞開我的心胸／吸納空氣中的甜香／然後我隨風飄落／

讓位給我的子嗣／在明淨的天空下／攬照生命／把我染成
金黃／／我願人們以深澈的目光／鑑賞我在收穫的歡唱後
／並讓我自許爲一個湛然的思想家／將大地的信息帶給人
們──〈樹葉之歌〉

如果說有限視角中，敘述者的獨白類型出現頻率最高是符合詩的
獨白特質的，那麼角色型在本質上乃是獨白型的變種。敘述者不
是以本色演員走上舞台，而是帶著另一種面具亮相的，人物面具
如上帝、天神、魔鬼、乞丐。動物面具如豹、獅、鷹、狗。植物
面具如玫瑰、水仙、紫羅蘭。諸如此類，讓敘述者各取所需，當
然這一切都要在敘述情境符合假想「主人翁」的條件下才能進行。
此詩是辛郁以第一人稱充當「樹葉」角色，博大的襟懷訴說奉獻
的意願。同類型的還有〈桑吉巴獅子〉充當獅子角色；〈土壤之
歌〉充當土壤角色。另外，還有稍稍不同的一種情形，就是敘述
者用第三人稱充當角色演出，性質大體一樣，這裡就不再贅述。

隱身型

坐落在中華路一側／這茶館的三十個座位／一個挨一個／
（不知道寂寞爲何物／／而他是知道的）／／準十時他來
報到／坐在靠邊的硬木椅上／濃濃的龍井一杯（卻難解昨
天酒意）／／醬油瓜子落花生／外加長壽麵包──（他是
知道的／這就是他的一切）──〈順興茶館所見〉

筆者有意把該詩揣度評述的四句詩用括號懸置起來，讀讀者暫時
不去讀括號裡的，那麼非常清楚，除括號外，敘述者完全隱身在
主人翁與情景之外，毫無介入。敘述者充當局外人，冷靜客觀地
擺布眼前的道具：三十個座位。他。龍井茶。瓜子。香煙。彷彿
是一個客觀化的長鏡頭，散漫的自然的隨便逐一掃描過去，就在
這客觀羅列敘述中，人們可以咀嚼到劇中人苦悶孤寂的心境，雖

然沒有什麼潛台詞。這種採用第三人稱的全能視角的好處是不受任何時空限制，可以任意調遣對象，或直接透視，或直接評判，其廣度幾乎是無邊的。近年大陸越來越多的詩人採用隱身人方式，減弱主觀成分，使詩更趨冷靜客觀。如果把上述括號內主觀評判成分刪去，效果應該會更好，不知辛郁以為然否？

　　明了敘述角度三種類型，再來看敘述姿態。

　　敘述姿態主要是指敘述的語調（調性），它體現著敘述者言說的態度。猶如作曲上曲調的定奪是決定該曲的進行方式、色彩與風格，敘述語調也是檢驗敘述風格和方式的一個標誌。由於現代詩的敘述主要是一種「返回自身」的敘述，敘述者以自我為內容也以自我為接受者，所以其敘述的主要語調（調性）為傾訴型無疑。直接面對自身與返回自身的敘述姿態恰好與上述敘述角度的獨白型角色型產生吻合，這完全是因詩歌固有的獨白屬性所決定的。第二種敘述語調則是評述型，主體詩人雖然依舊站在主觀自我立場上，但相對削弱情緒想像感覺的成分，而增強思辨、智性因素，對事物多做出哲思性的評判。第三種為觀照型，主體詩人完全站在旁觀者立場，以一種不動聲色、冷峻的調子敘說對象，這種敘述姿態與前述外視角的隱身型也是剛好對應吻合，必須說明的是，這三種敘述姿態語調並非截然獨立，我行我素。有時也是你中有我，我中有你，相互交織、穿插、滲透，形成紛繁的「混聲」。

傾訴型

　　你就是我舉臂所及的那空氣中布施著野性的芬芳的原野麼／你就是日日作我的衣夜夜作我的被衾的那披沐著許多生靈撫孕著許多生靈的原野麼／長高了高梁／長肥了大豆／長粗了小鹿的蹄子的／原野哦……

不言而喻，詩的言說態度、獨白態度的不同決定了詩的語調的不同，而語調的不同主要取決於詩人創作的內驅主動力——情緒的強度、幅度、深度。這種傾訴型大多數情況是詩人情緒處於最高點時一瀉直下，它是衝動的、快速的、急迫的，恨不得把對象「全吞」了。辛郁這首詩眾多的「哦」「啊」「麼」「哪」「吧」，一氣呵成的長句中的連綴短語，以及一連串排比，表達了詩人對黃土地黃皮膚的深情眷戀，是一種很典型的激烈型傾訴。傾訴型當然還有眾多亞型，比如娓娓道來頗為瑣碎的家常式對話，比如帶有若干間接描寫的自述，比如以獨白為主兼雜「他言」等等，都可以有眾多展開式。不過傾訴型的姿態，本質上是主體情緒的巨大投射。

評述型

> 靜靜地　在一切物體中／時間以它不被感覺的／一支復一
> 支　流質的手／進行無聲的殺伐／昨夜　它曾給我的人／
> 盛開的　一朵曇花的白色的顫慄／這由生至死的歷程／刺
> 痛我的眼／／在一切物體中　靜靜進行／不流血的殺伐／
> 不被感覺的　時間／是戰爭之母──〈在一切物體之中〉

生命對時間的恐懼、無奈，時間對生命戕害、絞殺，是此詩的主題。在眾多的人生體驗中，詩人的情緒幾經冷凝，從感覺、潛意識、情緒之中走出來，透過思辨的過渡（對時間的思考），提升到一種哲思的高度。這就是評述型的調性區別於傾訴型語調的關鍵。言說者的態度依舊站在主體主觀性立場，以自己的智性、悟性去把握經年積澱下來的體驗經驗，於思辨的基礎上提煉出一種哲理形態。顯然這種評述語調是一種智者的言說姿態，但言說必須與現實意象緊密膠合，寓意於象，象意交溶，否則最容易陷入那種牧師神父式的教誡之道。

觀照型

> 一匹／豹　在曠野之極／蹲著／不知爲什麼／／許多花香
> ／許多樹　綠／蒼穹開放／涵容一切／／這曾嘯過／掠食
> 過的／豹／不知爲什麼是香著花／或什麼是綠著的樹／不
> 知爲什麼的／蹲著　一匹豹／蒼穹默默／花樹寂寂／／曠
> 野。消　　失──〈豹〉

〈豹〉是辛郁的代表作，反映出詩人某種寥落迷惘的心態。豹與
曠野的關係──豹的野性的退化與曠野的消失，不正寄寓著生命
與環境的關係──人的生命本性在現代文明中可悲的失落？詩人
面對生命的難題所採取的敘述語調是「以物觀物」，即以第三者
身份觀照對象的活動。表面上豹是豹，我是我，內涵實際上是豹
亦我，我亦豹，豹我相通。我在此觀豹，其實彼豹已化我，豹我
合一，我是豹的隱身代言人。這種觀照型語調一般比較鬆弛、寬
舒，在情緒色彩上呈中性客觀，主體評說一般藏在「幕後」，而
被觀照的對象則被塗上一層描述性色彩。

　　以上，簡要介紹現代詩敘述角度與敘述姿態。現代詩的敘述
是由靜態的敘述視角與動態的敘述語調構成的。角度的出發基點
視角是靜止的，姿態的實施是進行的。一靜一動，動靜互補，成
爲詩的結構方式。而靜的視點與動的語調並不是一杆子插到底，
常常是互相穿插更移。明了現代詩與小說敘述的不同，明了現代
詩敘述主要是自我面對自我，自我返回自身，自我與接受者「交
流」的方式，那麼也就明了現代詩的敘述本質主要是一種言說、
獨白、對話的語體。掌握了言說的角度，對話的姿態（調性），
及其細微差異特點，將有助於我們提高現代詩的敘述能力。

十五　變形：主觀的心靈化表現

　　變形，是現代主義藝術重要的法則。20世紀心理學家的拓荒，使人類發現自己擁有一個無與倫比的能量庫藏。藝術家們高興地看到，只要根據心靈化的原則，充分發揮主體能動性和表現性，駕馭世界就變得輕便多了。藝術世界之所以是審美的，是由於它可以脫離原來各種規定關係，重新被打碎，被組建被塑造，然後再被「誤讀」。變形，是突破事物原來規範、扭曲原來關係強有力的手段。變形，可以在知性的支配下，無視相近律、相似律、相反律、因果律等形式邏輯，任由主觀「發酵」，也可以在非理性籠罩下，憑借夢幻潛意識潛感覺，縱情「跑馬」，它大量地由變異的知覺產生，有時也來自錯覺幻境聯覺，甚至一個小小的意念。它常因情感的高度熱化激化而觸發，也不時依恃「遠取譬」式的想像來完成。總之，在日益深入開發的藝術家心理場上，變形，永遠和主觀的心靈的驅動形影不離。

　　在魯道夫・阿恩海姆看來，「變形，就是指一個物體總的形狀（或部分）中的全部空間關係都發生了變化之後而得到的結果」。①現代主義藝術特別講究空間關係的變化，因而變形布滿現代主義各個階段和各種門類。例如，繪畫上的立體主義摒棄傳統透視、明暗對比，將對象瓦解，再加以各種長、方、三角、圓、錐體的主觀組合。著名的《格爾尼卡》就是以強烈的痛苦恐懼，變形物象，控訴法西斯戰爭。例如，音樂上的新維也納派，勛伯格創建「十二音」，刻意把半音當作普遍獨立的結構單位，大量尖銳不

協和音程、不對稱節拍,構成了「無調性」風格,實際上是對古典旋律的一種徹底變形和改造。例如,雕塑上的「意念派」,主觀隨意的一個意念,突如其來的一個靈感,就可以把偌大的石頭抽象成一個斜臥的女人或一個斜臥的男人。電影早期表現派,讓演員穿上古怪的服裝,在光線布景等均已變形的環境中進行做作的表演。而文學上的荒誕派,則輕易把人變成甲蟲、犀牛乃至椅子,深刻地反映異化主題。

　　現代主義詩歌,天然地崇拜變形法則。值得思索的是,古典詩浪漫詩也有變形,不過它們的變形比較合乎法度,切合常理,不太越軌,即它們所進行的是一種小跨度或中跨度變形。這大概是,它們都屬於在相對正常知覺與情感範圍內的變形藝術。現代詩人由於啓用眾多非理性心理圖式,如潛意識、夢幻、錯覺、意念,使外界物象變形大大脫離出常規常量,甚至於妄想狂、夢遊症、自閉症、癲癇、精神障礙、分裂等變態心理都獲得了鼓勵。這樣,他們對世界的觀照與把握,就往往比常人來得離奇畸形和出人意外,詩歌變形中出現大跨度、超跨度現象也就不奇怪了。同是寫月亮,古典詩的月亮大抵是「初生似玉鈎,才滿如團扇」(虞羲),「呼作白玉盤,又疑瑤台鏡」(李白),脫不了鈎、扇、盤、鏡,變形有度;浪漫詩人「盈了又虧,像一隻悲傷的眼」(雪萊),亦是合乎規矩方圓,容易獲得人們的共鳴認同;月亮落到現代詩人腳下,竟是「被踢起來/是一隻剛吃光的鳳梨罐頭。鏘然作響」(方莘),變形得十分離譜,以致引起一番非議。

　　現在的非議則少多了,因為人們逐漸理解了變形,理解了現代詩人各種心理圖式都能使對象發生大跨度超現實的變形,藝術世界在變形中擁有了更多的可能性。而其中最重要與最普遍的,是緣自情感的變形和知覺的變形。

　　情感，被稱爲「黑暗的感覺」，那是一種看不見摸不著，極爲抽象的心理能量。加上情感本身的複合性變幻性，把握它尚且不易，遑論傳達準確。詩歌，恰恰要以它獨特的方式，予以集中鮮明地顯示。傳達情感的方式有多種，倘若以告白方式做直接傾吐，強烈則強烈，卻未免有過露之嫌，所以現代派詩人迴避了情感「直來直去」的線路，轉向尋找客觀對應物。大規模移情，大面積情感變形，反而更有利於情感的藏匿與處理。當抽象、極端、偏激的情感轉換爲具體可感的「對象化」，「對象化」已不完成符合原來事物的形貌樣相，甚至於大大背離。這種變形，主要是改變了對象時空上的位置屬性關係。同時，也因外在形態的改變而引起內在「含義」的改變（叫變意或變質）。改變得越多，變形變意就越厲害，乃至大大瓦解人類約定的種種規律、定律。

　　本質上富於浪漫情調的鄭愁予，有時也不一味作直接抒情，他有一套情感「包裝」術。有時他憑借激情的推力，大幅度將情感激化幻化成具體可感的物象，有時他竭力讓情感的外移投射迅速找到「等價」的對應。

　　　　我從海上來，帶回航海的二十二顆星。

　　　　你問我航海的事兒，我仰天笑了……

　　　　如霧起時，

　　　　敲叮叮的耳環在濃密的髮叢找航路；

　　　　用最細最細的噓息，吹開睫毛引燈塔的光。

　　　　赤道是一痕潤紅的線，你笑時不見。

　　　　子午線是一串暗藍的珍珠，

　　　　當你思念時即爲時間的分割而滴落。

　　　　我從海上來，你有海上的珍奇太多了……

迎人的編貝，嗔人的晚雲。

和使我不敢輕易近航的珊瑚的礁區。——〈如霧起時〉

詩人對女友熾烈激情，不做飛流直下的傾瀉，而是將其藏匿寓托於一系列航海物象，如：標燈、赤道、子午線、霧天、礁區……此詩最成功之處是將抒情對象「女友」——「海洋」作雙向交互變形：忽兒女友變形為海洋上各種具體物象，忽兒海洋的景象變幻為女友身上的各種音容笑貌。你看，霧中之航，詩人的敲鐘，是「敲叮叮的耳環」，撩開雲霧如撩撥濃濃的髮絲，尋找霧海燈塔之光，恍若吹開睫毛後的秀眸，教人何其驚喜。微抿的唇角曲線，疊印成海圖上潤紅的赤道，暗藍的「子午線」，幻化為串串思念的淚滴……海洋物象與女友音容笑貌作雙向複雜的疊印變形，我中有你，你中有我，被破壞了的空間關係重新塑造成另外的嶄新物，既是主體詩人激情幻化所致，又是客觀對應物在主觀情思刺激下變異的結果。

蓉子名作〈我的妝鏡是一隻弓背的貓〉，也是情感變形的範例：

　　我的妝鏡是一隻弓背的貓

　　不住地變換它底眼瞳

　　致令我的形象變異如水流

　　一隻弓背的貓　一隻無語的貓

　　一隻寂寞的貓　我的妝鏡

　　睜圓驚異的眼是一鏡不醒的夢

鏡子與貓，風馬牛不相及，一是物理世界靜態的日常用品，一是動物世界媚眼可人的尤物。詩人多年積淤下對時交青春的感慨，在某一天覽照中，忽然找到「鏡面」與「瞳仁」的契合點，借此

完成多年情感的變形；一方面是情感的外移變成與妝鏡的投射關係，再一方面是情感的裝載容器在瞬間錯幻恍惚中變形爲弓背的貓。

依靠情感極化可以產生變形，透過知覺變異也能獲得變形。

人的感覺器官是與外部世界溝通的重要橋樑，它分爲外部感覺（視、聽、嗅、觸、味）和內部感覺（運動感覺、平衡感覺、性感覺等），感覺的統合稱爲知覺。我們平常所說的「詩的感覺」，其實更嚴密科學的說法應該稱之爲詩的知覺。因爲憑單一的感覺絕對進不了詩的世界，感覺只能局部零碎地觸摸對象的個別屬性，如形態、色彩、光線，而只有經過統合的感覺（即知覺），才能更有效地把握世界。

詩人的知覺對內外部世界的感知過程，與情感一樣，要遵守變形的「律令」，如果它擺脫不了長期以來機械認識的左右，勢必將藝術感受變成一種認識過程。精確的觀察，如實的記錄，運用概念、判斷、推理、演繹，完成從感性到理性的飛躍，這樣，藝術創作充當科學論證的角色。現代詩反對理性的客觀的機械的反映、再現，推崇主觀的心靈化的表現，現代詩人深諳知覺變形的奧秘，他們放縱主觀意志、主觀情思，充分挖掘激活幻覺、錯覺的可利用性，大幅度展開聯覺的移位、溝通和聯盟。這樣，現代詩人在對世界的感覺過程中，知覺輕易地扭曲對象的形態質地、色彩、光線、音響，大大超越了對象本來的樣貌，獲得了審美的巨大自由與選擇。

羅英的知覺變形在臺灣詩壇格外引人注目，想必她得益於潛意識、夢幻、錯覺、出神狀態及超現實主義，並透過精緻的語詞加以巧妙變異。讀〈秋月〉首段：

月亮，麥管中的鳥尸，

眼睛裡的魚，

正隨著心中的煙霧上升

愁情的鬱結，濃得難以化解，在深長的對月凝注中，詩人的知覺發生了作用：嬌美的月亮不再嬌美，而變得十分虛幻與醜陋，成了麥管中的鳥尸和眼睛裡的魚，這時秋月又在內心的煙霧中冉冉升起，終於構成一幅充分變形、內外交通、主客互移的悲秋圖景。再看〈水仙〉第一節：

那鶴

似一葉輕舟般

飛臨於一潭

穿著天空的

池塘上

水仙花變為鶴，縱深中飛行的禽鳥取代平面靜止的植物，整體空間關係發生了質的改變。水仙花原輝映於潭面，經詩人瞬間觀照，不知是潛意識作用，抑或錯覺，由聯想的驅使，靜止的植物無須通過中介轉換，直接變形為飛翔的鳥類。靜中生動，化美為媚，變得不落浪跡，自然熨貼。

　　一百七十年前，雪萊在《詩辨》中曾說過，詩使它觸及的一切變形②，道出詩的一個重要奧秘，可惜他來不及分析這個奧秘的源起。臺灣現代詩的變形，多年盛興不衰，究其原因，主要是詩人充分調動各種特殊的心理圖式：

　　因潛意識，管管可以把「一車麻臉」扭曲變形為一鍋粘稠稠的「糯米稀飯」；

　　因大幅度自由聯想，商禽教抖動的「黃狗尾巴」變形為太空「旋轉的木屋」；

　　因錯幻覺，馮青讓「月亮」彈成「笙」，讓屋頂淹成「荷塘」；

因靈視靈覺，羅門把教堂變形爲不銹鋼洗衣機，每星期洗滌一次靈魂的穢物；

因悟道，周夢蝶教地球變形爲鴨卵——「輕輕將它拾起，納入胸懷」；

因交感，羅英使女人的眼瞳「汩汩流成河」，又回旋播放成「唱片」。

顯而易見，現代詩人透過一種或幾種心理圖式，將對象高度心靈化，或幻化或虛化或實化，即大大改變其外在形狀特徵，又變異其內在原旨含義，使對象出現新的假定，世界在重塑「捏造」中再次讓人感到驚訝。

隨著變形的愈演愈烈，「反變形」也就應運而生了，這在大陸尤爲顯著。早在1988年，大陸的阿吾們就系統提出詩的自救。他認爲，變形是貴族的遺產，英雄主義時代的財富，是道地的自大狂病症；詩人採用變形，如同在與一架最龐大的風車作戰，雖然戰無不勝卻無法自救。人類一直在自救，只不過傳統的自救是人類以既有的文化的積極部分去抑制或消滅消極部分；現代的自救則是要抑制或消滅人類既有文化的積極部分。因此，變形，是以往詩的最積極根源，所以詩的自救，要害就是「反變形」。還因爲世界既不是荒誕的，罪惡的，也不是有意義的，美好的，世界是人和自然交往，人在同自然交往中與自然共存，因此，「反變形」的具體方法就是對觸動狀態的「直接描寫」，即用最簡單最經濟的功夫直接描寫人與物交往的共時狀態。③

筆者對此高論不敢苟同，最多只贊成一半。因爲筆者篤信、藝術地觀照把握世界，永遠具有多元途徑，可謂「條條道路通羅馬」，沒有一種方法是唯一正確、「包治百病」的萬靈丹藥。表面上某些互否的東西，到頭來往往構成互補。變形，作爲現代主

義一種重要方式,是無法取代的,因為變形起因於人類心理表象的機變性和可塑性,故人的主觀性(主觀意志、主觀情思)在本質上無法處於一種中性和純粹客觀狀態。既然永遠存在著主觀性,那麼,也就永遠存在著由強烈主觀性引發的變形。

變形,祝你在現代詩的藝苑裡,青春長駐,永生不老!

【注釋】

① 魯道夫・阿恩海姆《藝術與視知覺》第388頁,中國社會科學出版社1984年版。

② 雪萊《詩辨》,見《英國作家論文學》,三聯書店1985年版。

③ 阿吾《詩的自救:從變形到不變形》,見《藝術廣角》1988年第3期。

十六　「意象徵」：現代詩主要傳達途徑

　　杜國清在一篇採訪錄裡曾披露他一種詩觀：現代詩是從象徵派和意象派那裡發展出來的。「我的詩其本上是這兩個東西結合的路子。所以在我的詩論，我自己創造了最好的最理想的詩是『意象徵』的結晶。意象加象徵，變成一個詞。」①這是繼他「三昧」之說（驚訝、譏諷、哀愁）的又一「發現」。杜國清「殉美的詩魂」很見出他本質上是一位道地的性情詩人，充滿浪漫的情愫，但長期接受艾略特等影響，又使他於性靈走向上兼具象徵主義的脈動。筆者讀完這篇訪問記後，感慨良久。1983年筆者撰寫第一部拙著時曾論證，現代詩最主要最基本的傳達途徑就是透過意象化途徑抵達象徵境界（即意象→象徵）。杜先生以更凝煉的說法將它概括爲「意象徵」三個字，眞有相識恨晚之嘆！

　　以此核心範疇來考量，可以窺視出現代詩許多奧妙，早期杜氏〈瀑布〉一詩，衍生爲兩種主意象，一是「她」——

　　　挹入我眼中／那優雅的身姿／有如夜空的／銀河

　　二是「我」——

　　　那道貌的崖岸　決裂／感情的激流傾瀉成瀑布

顯而易見，我之沟湧戀情，附麗於激流瀑布。隨著詩情的進展，兩種意象——她優雅的銀河身姿，和我橫溢的情感激流，疊匯成瀑布的景觀，在無數碎沫水珠中，濺起「愛欲的迷惘」。瀑布的氤氳、沸揚、迷濛，正是主體詩人內在情感的外化，它所指示的

象徵境界相當熨貼地吻合詩人心中的寄寓，不管是擬人也好，物化也好，意象徵的首要條件就是要把握築構好結實的意象，使其以鮮明的特徵「感應」「契合」著主體的情思。

　　如果僅僅停留於意象化營建上，詩的三昧還要大打折扣。意象的建構，最終還是要把它提升到多重意蘊的境地，從而獲得廣闊的闡釋空間。

> 在這塵世的野地／依附在草葉上／一夜的歡愉　凝成露珠／在朝陽中　燦耀著／激情的七彩／／暫時的　生命的光輝／宿藏一顆苦惱的良心／背德　不義　罪孽／一再將欲望　降為／白霜——〈露〉

詩人把短暫的偷情視為露珠，這個晶瑩透明的意象其實並不那麼透明晶瑩，在單純的外表內，它涵包著雙重所指：既是生命光芒的閃射，同時又是偷情痛苦的「結晶」。當倫理意識戰勝莽撞的生命衝動，自我就開始內省。露沒有停留於一般表面意象經營上，而是將它賦予情慾與倫理內涵，從而大大豐富了它的外延，在充滿彈性與張力中，直指象徵的界域。且露的意象又不是靜止不動，它還有所發展，到最後衍生為「一再將欲望　降為白霜」。露變為白霜，這又出現了歧義。它是生命衝動的美麗，又是欲望制約的矛盾混合。在象徵的國度，產生的歧義愈多，美學意味愈濃。再看〈廢井〉：

> 過去的讓它過去吧／既然不再提起　往日／沉澱在我心底／那些雲　脈脈湧自青山背後／那些風　輕輕吹撫斜坡的肌膚／那些雨　濡濡潤濕了殘岩／那些水　潺潺歌唱著淺澗／褪色的讓它褪色吧／既然已不珍惜　我心／淒然映漾著／破碎在荒嶺上　那些雲／捲動滿地荷葉　那些風／一任春根腐爛　那些雨／但消滅於荒漠　那些水／／風雨雲

影 紛紛飄零／一口啞然哀喊的廢井

實際上，意象與象徵經常是你中有我，我中有你，密不可分，這不僅使「意象徵」能夠合二而一，走向高度濃縮，也使它成為克服「散文化」大敵的法寶，好的「意象徵」，往往為我們提供一種「空框」結構。廢井既是意象語，又是象徵物，意象是詩人感覺、印象與自然社會物象在瞬間的契合，是詩人主觀情思與自然社會感通交流的凝結物。詩人對情人的回憶、追索、沉澱之意緒投射到外界廢井時，雙方物我合一，其定型固化的意象迅速激發出一種「空框」功能。詩人把戀愛歷程種種糾葛、折磨、煎熬，透過外化的──破碎的雲，捲動的風，淺瀲的水……統統裝進「空框」──廢井中，讓讀者在「井」中尋找主人翁各種褪色暗淡的心境，廢井──心境──舊情，充溢著何等飄零、孤寂、遺棄和失落的情緒。至此，廢井的意象與象徵功能雙雙達到完滿的結合程度。「意象徵」的效用實際就是空框效用，它以巨大的裝容量承受一切與之有關的「貨物」。

「意象徵」籠罩著杜國清的創作道路。名噪一時的「島」與「湖」代表著男人與女人的世界；〈情劫〉中的「仙人掌」寄托了那種可望可慕卻難即的情懷；「貝殼」作為退潮的棄物，相當準確對應著離異的愁緒；「荒嶺」、「暗礁」的頹敗陰冷成為情場失意的極好隱喻；「回眸」中的百回千轉，儲滿愛的旋律和交響；而整部《玉煙》集裡的「玉煙」，其飄渺變幻的影像不就是朦朧情愛的暗示象徵？

如果說，杜國清的「意象徵」，更多摻入主觀的浪漫的情愫，藉此發酵自然表象，從而在感情基礎上熔鑄他的意象，進而抵達象徵境界，那麼簡政珍，同樣對意象象徵抱有極高推崇的另一位「中生代」，則把意象作為整個詩學的核心。對此，他發表了許

多精湛見解，如「詩的意象就是抓住主客交互凝視的瞬間」，「意象的姿態是肉感的，也是精神的，它保有形象的凹凸感，訴諸人的感官，但它喚起的是精神投入的莊嚴感」，「意象的姿勢特有清明的骨架，正如龐德所說，意象要去除贅辭和飾語。讀者看到透明的輪廓，但由於骨架透明，意義因而朦朧」。②

　　我亦深有同感。我想補充的是，意象是詩的基本構件，是詩生成活的細胞，一首詩的完成往往就是這個細胞分裂、生長、轉化的完成。它的生成是在詩人諸種心理圖式相互作用下，先產生模糊不清的「內在意象」，然後再借媒介將其固定化──即語詞的外化，終成意象。此時的意象一般有兩種情況：一種是停留在原來的符號上，外延沒有擴展，成為純意象（意象派不少作品即是）；另一種情況是大大突破它原來的內涵，外延繼續擴張延伸，成為某種「客觀對應物」的代碼，成為詩人主觀情思投射的「空框」，這時意象已脫離原來的所指，上升為意象徵了。簡氏的意象徵原理與杜氏相同，但風格大有差別。杜氏多以主觀情思攝取對象，再施以類比性意蘊，其情感的外移投射和客觀對應物多是一種「一對一」的契合關係，而媒介的典雅精工充滿古典韻味，這是一種較典型的主觀感性型的「意象徵」；簡氏則多以知性的思考契入對象，在斷裂、跳脫的邏輯思辨中，完成瞬間領悟，且往往突破單一暗示，成為另一種知性型的「意象徵」。讀讀〈漩渦〉：

　　為了一點紅

　　你在唾液的漩渦中

　　喪失重量

　　水沒有顏面

　　隨時可以翻臉

　　你終於相信

　　東西倒錯

　　腳下剛踩過的岩石

　　沒失水中，尋找

　　你失去的拐杖

　　看你舞動的雙手，有時

　　成倒八字之姿，有時

　　交叉成十字架，一隻

　　兀鷹在你頭上盤桓

　　大概以為

　　水流可以成沙

漩渦顯然是一種隱喻，由於前項有唾液三個限定詞，讓人容易想到，這是一種流言的漩渦，似可引伸人事糾葛的漩渦。為了某種利益（一點紅），你一陷入人事的漩流中，命定無從把握（喪失重量），人世炎涼，翻手為雲，覆手為雨，確如水的無情，隨時可以「翻臉」，你終於相信自己的命運的「倒錯」，致使失去踩腳的「岩石」，也失去信賴的「拐杖」，你在漩渦中的博鬥實在太艱難了，揮舞的雙手或成八字，或成苦難的十字架，而頭上盤旋的兀鷹幻想激流大概可以成為沙渚平地，但漩渦中的你還得一再進行現實的掙扎。漩渦中的小小意象，蘊育著多麼豐富的人生與命運的內涵，它已脫棄早期「一對一」的暗示，而有了多叉的展開。下面再援引簡政珍四例。

　　〈紙上風雲〉的蚊子意象，「把自己框在／稿子的格子裡獻身」，其英勇捐軀，僅僅是寫作者「自我」，借用「蚊子」的替身，還是有更廣闊的隱喻象徵？

〈演出後〉的我們，「將唐代衣冠／還給散頁的劇本收藏／把脂粉溶於水，在鏡中／還我枯黃的面具」。顯然，演出的意象，不啻是就事論事的簡單寫實，它已提升到人生舞台，各種面具的拆除，如何眞實還原自我的存在本源。

〈壁佛〉上盤坐的意象，其隱蔽的笑意，風化的眼神，滴水溜進唇間，已經遠遠超出對民族生命力的哀嘆。

甚至連題目，也顯示簡氏的用心。〈爆竹翻臉〉四個字，由兩個意象組成，前項名詞主靜態，隱伏著驚心動魄的勢能；後項「翻臉」，擬人化的日常生理表情，有著異常鮮明的形象動感，動靜互聯，物理的與生理的相映，共同暗示著喜慶之極的悲哀，人生無常的悲哀，充滿譏諷的弦外之音。

「意象徵」可以說是現代詩最基本也是最重要的感受傳達途徑。現代詩感受的基本單元是意象，意象是詩的胚芽，一首詩發育的成功，泰半取決於胚芽的質量。但胚芽要成熟爲果實，就應追求達到具有象徵意蘊、象徵境界的水平。象徵意蘊作爲現代詩學最高目標之一，它表現出來的暗示性、多義性、超越性形成無比豐富的美學空間，使詩完全脫離早期「思想的比喻」、「情感的誇飾」、「知性的說教」，成爲一種具有相當廣延的開放型的「空框」結構。而象徵境界的完成必須緊緊依賴意象的中介，失去意象的依托和鋪墊，象徵最終是一片空茫；而意象要擺脫單純、簡單的狀態，獲取持久長新、不斷增殖的生命力，也必定要把自身提升到多重意蘊的美學品位上來。

杜國清和簡政珍經過多年實踐和理論，已經從感性和知性兩大向度爲「意象徵」做了很好的定位。讀者從他們的詩作中可以獲得許多啓發。或許可以這麼說：誰把握住現代詩的「意象徵」，誰就叩響了通往現代詩殿堂的門環。至於意象和象徵的各種技巧，

筆者早期另有專述，在此就不再贅言。

【注釋】

① 白舒榮：《反浪漫的浪漫詩人》，見香港《文學世界》總第8期。
② 簡政珍：《詩的瞬間狂喜》第102、104頁，（台）時報文化出版企業有限公司1990年版。

十七 知性：思辨、哲思及智慧 的「詩想」

　　爲抗衡扭轉浪漫的抒情，紀弦曾在現代詩開山綱領《六大信條》中，獨立開列「知性之強調」第四條，這是臺島最早倡導「主知」詩的先聲。有趣的是，主知的紀弦，骨子裡還是儲滿浪漫的情愫，他並沒有嚴格依循自己制定的海圖，倒是反對他、堅持抒情主義的覃子豪，後來心儀「抽象」，初拓知性的航線，〈瓶子之存在〉成爲早期知性詩代表。然而，客觀地說，覃氏主知的詩，尚未脫棄早期理念堆垛的嫌疑（這也是事物生長期難以避免的弱點），直到三十年後，主知的詩有了較完善的展開，尤其在新生代簡政珍身上，較成功體現知性詩特點，他不僅承嗣五十年代遺風，努力凸現現代主義這一「主旋律」，更在廣度深度力度諸方面，把知性詩提升到新的層面。

　　知性與感性，是詩歌對立互補的兩大生成圖式。一般認爲，感性是浪漫，主知才是現代的。現代派以知性爲強力武器，扼止浪漫的虛浮。如果說，抒情是人對存在的一種舒放行爲，那麼知性則是人對存在的思考的智性結果。由此推出：主知的詩，知性的詩似乎應該容納這樣三種成分，即：思辨、哲思、智慧。

　　思辨是一種邏輯「推進器」，在現代詩人思維場上，可以構成一種特殊動力，依靠邏輯潛在或顯在導航，可以把詩想推向哲思的方位。哲思取向是現代詩人所應追求的高層目標，雖然並不要求每個詩人都成爲思想家，但必要的哲學背景有助於詩質的提

升，在潛在哲學背景中，蒸騰哲思的虹彩，將比單純感覺、單純想象、單純意緒所發酵的詩意深刻得多。而哲思經過蒸餾後的凝定，往往形成智慧的結晶。智慧不是說教、誡語、格言的簡單翻版，而是活生生來自感性體驗的覺悟升華。一個純情的詩人，一個感覺的詩人容易當，一個智慧詩人的出道則困難多了。許多論家看重簡氏風格「平中見奇」，意象精悍練達，而筆者對於他的知性思維則更感興趣。

思辨

> 在危難的日子裡／我們如何調整自己的角色？／先撕下一
> 張臉皮／貼在廣告牌上？或是在螢光幕上堆砌粉墨？／／
> 扮演一個有心的子民？／或是沒有心的偶象？／演一出對
> 得起自己的喜劇？／或是對得起他人的悲劇？／但，且慢，
> 我們要為／這五顏六色的臉譜／打什麼底色？──〈演出〉

思辨，是在詩思生發過程中，透過邏輯導向，把詩想不斷推進。排比結實，迂迴論證，層遞反問，互為辨證。不管採取何種具體方式，總是多少要借助邏輯顯在或潛在的強大關聯，將思考的能量輻射出去。

　〈演出〉用八個字詰問提出，在危難的日子，於存在的舞台，我們所飾演的臉譜，是撕下臉面，不顧廉恥，充當廣告；是濃妝艷抹，扮演有心的小人物，沒心的傀儡；是演忠於自我的喜劇，或是演對得起眾人的悲劇，多種人生臉譜角色的選擇，不管如何變幻，重要的是我們應該打什麼「底色」。詩人在詰問中看透形形色色臉譜的虛假演出，已遠離人的「本真」，所以透過一連串思辨反詰，邏輯地提出恢復底色保持本色的呼吁。顯而易見，這首詩的思辨色彩是較為直露的。另一種思辨類型則偏重「引而不發」，彷彿弓搭在弦上，拉滿而不發射，表面上看不到邏輯推進

的痕跡，因為它把許多關聯如遞進、因果、目的、轉折、連鎖關係給巧妙藏匿化解，而實際上充滿內在強大的思辨力，時時讓你感到爆發的緊張。不管是直露型或隱藏型的思辨，它都是知性詩人的「入門坎」，此關過不好，休想登堂入室。

哲思

> 情緒怎能布局／冷氣機有時也難以／應付驟變的溫度／體內反芻的香味／在口中殘留部分的苦澀／言語在習俗的眼光中／躲躲藏，直到／我們俯視／地下室這一口井，所有／累積的眞相／蕩漾開來，被埋性／禁錮的眞言／扳開漸漸軟化的嘴角／揭發自我的面目——〈眞相〉

〈眞相〉涉及到一個深奧的語言哲學問題。冷氣機無法應付變化的溫度，正如理性無法支配變化的情緒，這是心理上一個兩難的例子。體內能反芻出茶的香味，而口中卻殘留茶的苦澀，這是另一種生理上「相悖」的例子，由此兩個「例子」引出語言與眞相的哲學命題。在世俗眼光中，即在一般約定規範中，語言無所不至，但存在的眞正本質，語言永遠無法抵達，只能躲躲閃閃。只有當我們俯視那一口「井」——一個深層的內省空間時，眞實的眞相才像水波那樣一層一層蕩開來，被理性（包括冷氣機、習俗的眼光、口中的苦澀）禁錮的語言才可能衝破「嘴角」的束縛，抵達事物的深部，揭示事物（自我）本來的面目。

　　設若說〈眞相〉更多從語言哲學角度探討人的存有，那麼〈我們的影子〉則認歷史現實與人生的結合部逼問「我們是誰」，我們存在的價值。在歷史的斷裂處，不幸的我們被置於政治色彩過濃的佈局裡，戰車的履帶把一切都定型了，我們只能用血水泡洗那麻木的歲月，質詢那段尷尬的身世，我們不是完整的一頁，因為被「折疊」了，封面上更沒有我們的位置，只是一度在油印

機裡，留下我們的浪跡。歷史經過多次洗刷更改，變得如此清白，
無一點「青苔」，可是，我們確被那一場風雨給徹底淹滅了埋沒
了，我們成為某種犧牲品，在歷史與現實的錯動中，我們找不到
自己的定位，我們只好繼續懷疑自己的存在。作者沒有停留在對
歷史的詛咒，而是在剖解歷史的「誤會」後，繼續進逼一代人的
存在，直指生命晃動的鐘擺，這正是簡氏深刻之所在。

　　我們當然不是要求詩人在詩中發表哲學講演，包括警句、箴
言、訓諭。如果不是出自活生生的生命感悟，那只是一堆紙花。
我們要求詩中的「詩想」，儘可能在感性的蒸騰中熬出可貴的智
性結晶。畢竟，獨到而深刻的思想哲理，不是一般形象所能取代
的。

智慧

　　門把上的手猶疑／往右轉，將是光／和情緒的燃燒。也可
　　能是：既存的／已化為烏有／往右轉，這門將是從此不開
　　／等待時間的訪客／在上面留下銹痕／直到來生／只求一
　　個縫隙／容納我窺視的目光／放眼盡是。我投射的文字／
　　黑暗中，沒有／形象──〈窺伺〉

這是對「有生」、「來生」之門的領悟。命運的叵測，只要稍有
猶疑，比如往左轉，人生之門可能充滿光亮，也可能毀於一旦；
往右轉，門將緊閉，無路可通，要等到漫長的來生，或許門縫留
下一條間隙，得以讓「我」窺伺，而代表我的生命即我所留下的
文字，能在黑暗中投射多遠？命運是種無法把握看清的黑洞，對
命運的窺伺，需要一種靈氣一種智慧一種覺悟。〈市場〉一詩亦
顯示作者很高的智力：

　　凡能走動的／都在刀口的寒光下／看到靈魂的遠景／凡和
　　軀體有關的／都能引起／唇舌的論爭／只有未能羽化登仙

的羽毛／是唯一／不必細究的歸屬／／凡能走動的／都把
屍後的殘骸／帶回去做一道／在浪漫燭光下／使靈魂提升
的／菜

簡潔的「三段式」，表現動物與人，即生命對形而下與形而上（
生與死）的思考。第一節動物在刀口下還能看到靈魂的遠景，真
是深邃之至：老莊齊物觀的折射，宗教關於死亡對天國的回歸或
輪迴，溶合為一種生命的發現。第二節，凡是與軀體有關的形而
下東西，都不過是引起「爭論」的「雞毛蒜皮」，像這類未能向
形而上生命升華的「羽毛」，實在不足掛齒，無須細究其歸屬問
題。第三節人的形而下軀體在寂滅後，尚存在著向某種精神輪迴
和轉換的可能。這種對生命、靈魂的思考感悟，並非一般理性所
能企及，它往往取決於詩人瞬間的悟性，而悟性可以說是一種直
覺的智慧，它是詩人最可驕傲的財富。

拉羅什富科說：「最大的智慧在於對事物的徹底了解之中」
①，當我們在簡政珍第五本詩集《浮生記事》中讀到這樣的句子：

東方有許多蒼生

踏著血跡為一個人立碑

西方有些銅像的頭顱

滾進跳蚤市場

而我們不知道

這時拈花一笑的上帝

是實相

還是非相

我們不能不服膺，不惑之年的簡氏，已修煉有成，彷若仙者道人
般，脫離塵世人宇，冉冉升騰，此時正站在雲端之上，俯仰四海，
吞吐八方，指著東西兩半球的人世滄桑，洞若觀火，談笑蠻生。

愚昧與專制、失落與增長，連萬能的上帝也無可奈何。在這裡，看不到那種近視、短視的小家子氣，而洋溢著一股澄明的透徹，燭照的幽深，這就是智慧，這就是智慧之詩！如果簡氏繼續保持此種勢頭，他離「化境」當為期不遠了。

思辨、哲思、智慧共同形成作者的知性思維，這在長詩〈歷史的騷味〉中表現尤為淋漓。簡氏以知性的詩思輻射政治、歷史、現實、社會、倫理方方面面，借助拼貼等手法把各種「碎片」粘連起來，新聞、掌故、回憶、夢魘，穿梭交織，大到議會環保，小到咳嗽尿床，都在知性統攝下，形成一種整體感籠罩感。儘管歷史的與台島的場景不斷轉換，但都沿著「借著歷史騷味成長」的線索綿延發展，其間充滿對政局思辨性的反諷批判；對現狀、未來富於穿透力的哲學反省；以及在嗅出種種「騷味」的敏感中，閃爍著獨特的智性的光彩。

遠在大西洋彼岸的紀弦，三十年前未竟知性詩，現在，該可以回眸一笑吧？

難能可貴的是，簡氏不因他的理論和邏輯，使他的詩受到約束，據他說，一天寫出十幾首不成問題，完全可以放得開。他懂得：一首引人注目的所謂知性詩，一定是一首很有感情的詩②。他較好解決感性與知性的辨證關係，這對多拘於理念思維的學院派詩人是個很大鼓舞。不錯，知性思維，知性詩，面臨的要害是如何對待感性問題。如若知性過頭，可能淪為理念的堆垛和玄學的排演，只有在充分感性氛圍或相當感性成分參與下，知感互動，知性思維才具備展開的條件。故筆者提出，主知的詩，最好能做到：知性的感性化。

【注釋】

① 《拉羅什富科箴言錄》244條，見伯頓・史葦文森編《世界名言博引詞典》第1028頁，遼寧人民出版社，1990年版。

② 《簡政珍詩作座談會》，見《創世紀》總84期，1991年4月。

十八　原型：「情結」與「人格」的聚焦

　　加拿大批評家弗萊在發展了容格的神話學後，曾給原型下過一個明確的定義：原型就是「典型的即反覆出現的意象」。①本質上，原型和種族記憶、集體無意識沒有多大差別，都是人類代代相傳共通的心理積澱物，它所蘊含的心理能量遠比個體的強烈深刻得多，極易喚起接受者，引起震撼共鳴。原型在長期歷史發展衍化中，由於自身潛在增殖性，故能保持一股恒久常新的生長活力。實際情形也是這樣。比如耶穌的救世原型，從大名鼎鼎的《浮士德》能一直傳承到當代鵲聲四起的《新星》；著名的阿妮媽人格面具不能說沒有影響到轟動一時的《男人的一半是女人》；彌爾頓的《失樂園》有夏娃的影子，屈原狂歌中的太陽意象，普羅米修斯薪火不熄的「獻祭」，還有李太白的月亮情結……都源於一種對人類母題經久不衰的衍生與發展。我總覺得原型意象就是一種永不枯竭的種屬酵母，在任何時代任何條件下都能盡情發酵。其實人類永恒的母題並不太多，各個時代的藝術家不過是在有限的母題上，馳騁情思，萬變不離其宗地發酵出各等五花八門的作品而已。

　　根據神話學所提供的素材，試列一些經常啓用的原型意象，它們最早都與大自然、圖騰及儀式有關，都是主體性的對象化代碼，都具有象徵的多重意蘊。如：

　　大海：生命；無限；再生；永恒

太陽：父性；創造；生命；法則

水：繁衍；神秘；淨化；贖罪

風：靈感；靈魂；精神；觀念

沙漠：死亡；貧瘠；失望；虛無

花園：美麗；多產；天真；富有②

再看中國特有的一些原型意象也都含納自己本民族特有的意味，如：

麒麟：仁厚；賢德；多子；長命

蝴蝶：夫婦；至愛；和美；耄耋（耋諧音蝶）

蓮花：佛界；清廉；貴子；恩愛

竹：君子；高潔；祝頌（祝諧音竹）

龍：神靈；至上；吉祥③

臺灣現代詩早在發軔期就高度重視原型。原型的功能不是作為詩的一個基本單元、基本構件，而是溶入主體的血液骨髓，化成其血肉之軀；不是當作表層的符號運作，而是作為內在的一種整體籠罩；不是膚淺的修辭關係，而是深層的寓意指向。原型的高度重視與發展，已成為臺灣詩人一種主體性的情結，一種人格的聚焦，一種內在「身份證」，一種高度壓縮的生命史甚至方法論。透過原型意象分析，往往可以找到打開詩人靈魂之門的鑰匙，從而更深刻地認識詩人的脈絡走向。

下面試以「鏡子」與「月亮」的原型意象做點解釋。④中國最早成熟的詠鏡詩大概可以追溯到梁朝蕭綱「如冰不見水，似扇長含暉」（《詠鏡詩》），一直到清代「有形應自應，無機本來空」（陶窳《古鏡》），盛傳不衰。大抵是鏡子的鑒照、反射的基本功能及外延的破碎重拼，使其原型具有自照與婚姻的原初意義。在現代意義上，鏡子原型已衍生為自我、時間、死亡等功能

寓意。

鏡子的原型功能之一：自我

自眼中逸出

一個　那麼陌生的自己

坐在鏡中

　　與我打著招呼——李春生《鏡子》

自我對鏡鑒照，透徹之際，忽然感悟到另一個自我迭現，「我乃逃於鏡外，你卻逸於鏡內」；「兩座蔓長的墳墓，擁抱一季長長的沉思」。有對異化的驚疑，有對本質的認同。一般來講，自我是不易被發現的，只有敏感的靈魂工程師，在「鏡子」的放大細察下，才能挖掘另一個自我，乃至多個自我。在這裡，鏡子的原型功能具有對自我燭照、探尋，對自我審度體悟的意思。

　　像發現一項秘密似的／擊破鏡子成為我的目標之一／／一滴滴我微溫的血迹／終于流成一條輕嘯的河／唱著舒放的歌／奔騰而去

相反，墨君臨鏡的目的，不是鑒照自我，而是實施破壞，他違反現實世界實用功利價值，做出如此愚蠢暴烈的舉動，是為尋求精神的解脫，且不論此舉的真實性或假定性。基於對「鏡中」自我的反感厭棄，審省決絕，寧願付出血的代價，從而在破鏡的暢快中重新塑回一個精神上真正的自我。

鏡子原型功能之二：時間

鏡中人無眉無臉

只有一縷白髮

恣意飛揚

成切膚之痛

砸碎後的暗月光痕

自時間方向逃竄

斷絕了歸路

要走，就不得不朝向

山中之蒼茫

日暮時的維谷──淡瑩《臨鏡》

清晨臨鏡梳理，在刹那的怔忡中，敏感自己已是「無眉無臉」，只剩一縷白髮。顯然，在這表面的幻覺下潛伏著極強的自省意識，這是一方面。另一方面，女詩人喟嘆時光的流逝，在自省自憐中，感慨青春不再，紅顏易退，「沒有一根不是灰燼。輕輕一撒手，便散成風」更是明確指示時間之手殘酷無情，鏡子在這裡明顯披上時間的「外套」，充當了時間劊子手。而羊令野的《無題之一》同樣具有相等的深層寓指：

鏡中

驀然發現我的臉

一鏈子鏈成了鏈形的河

枯槁的額骨簇擁成岸

瞳孔空洞得擠不出一滴水

確實，鏡子代表時間無情之「殺手」。時間，是世上最令人恐懼的魔法，一切再輝煌再長命的事物在它面前都會變得如此蒼白。時間無所不在的沉重壓迫，使人感到人生不可抗拒的失落，一切的一切都在時間的掌心「俯首聽命」。鏡子──時間，成爲「人的唯一綁票人」，確實道出了它的深刻性。

鏡子原型功能之三：死亡

禁黑暗的激流與整冬的蒼白于體內

使鏡房成爲光的墳地，色的死牢

此刻你必須慌急地逃脫那些交錯的投影──羅門《第九日底

流‧之五》

死亡意象是臺灣詩人的常客，由於死亡是永恆的母題，對死亡的體驗乃是現代詩人尋求的目標之一。羅門是寫死亡的高手，他利用破鏡中的驚照，于失態中教鏡房幻化爲墳地、死牢，且逼迫主人翁在恐懼的深淵中奪命出逃。這種躲避死亡與出逃死亡在《都市之死》有了更生動的映現：「在擾亂的水池邊注視／搖晃的影子成不了像／急著將鏡擊碎　也取不出像／都市在你左右不定的反照裡／所有拉環與把柄都是斷的／有一種聲音是在破玻璃的裂縫裡／急急逃亡。」死亡的恐懼絕望通過池水鑒照得到反射蔓延，一連串強烈的動詞「擊碎」、「取不出」、「破」、「迷亂」、「搖晃」、「斷」把極度迷亂的死亡逃脫心態淋漓盡致地給傳達出來。

　　與鏡子在形態性質方面較爲接近的月亮原型倒是大家比較熟悉。不過其原始意蘊各立門戶。月亮有母性、愛情、陰柔、無常等多種功能，下面試看三種。

月亮原型的「愛情」功能（包括情欲、性愛、偷情等）

　　敲門敲了半小時

　　我才讓月光進來

　　她婀娜多姿

　　向我訴說山背後的

　　烟火和情景

　　一杯龍井茶

　　喝下去，月光

　　睡成了白被單──張健《敲門的月光》

詩中的月光體態婀娜，能敲門能訴說能飲茶，如遠方故人，且一喝龍井，竟睡成白被單。幾分柔情，善解人意，幾分縹緲，情趣

盎然。月光在第一句就擬人化為友誼、愛戀，乃至到末尾可能轉換為隱約的情欲。通篇構思奇巧，獨出機杼。

月亮原型的「母性」功能

> 月亮把一塊光
>
> 縫貼在地毯上
>
> 在老家的燈下
>
> 趕縫著最後一個口袋
>
> ……
>
> 你走後，誰也沒有告訴我
>
> 你的臉與你給我壓歲的銀圓
>
> 仍一直存在月裡──羅門《月思》

月亮與太陽的關係，幾乎是全人類共同認可的陰性與陽性、柔與剛、母性與父性的關係。詩人很容易遵囑集體無意識將母親比托為月亮，這並不奇怪，妙就妙在這首詩高度運用蒙太奇，精緻地將類比意象連續推出，在五重轉化，即月光→補丁→銀圓→母親的臉→月亮的近乎疊映中，完成母性原型的塑造。密度極大地循環，寄寓了月光──→母親、月亮──→母性的深刻之戀，親切感人又生動有趣。

月亮原型的「無常」功能

> 落雨後的一陣沁驚
>
> 含著絲絲遲疑的憂鬱
>
> 在眼睫　在光影流盈裡
>
> 似一株汜水而過的寄萍
>
> 一顆動盪的心行駛在兩條平行線上諦聽著流星與流星觸擦
>
> 發出的聲音　遂幼稚地眷戀著因暈眩後激起的快感　而後
>
> 那靈魂又孤獨地哭泣著　終是在那兒走錯了路何以花船未

　　曾馳入夢幻之航　遲鈍的知了卻開始叫春

　　誰給鳳凰染了猩紅

　　誰給梔子塗了蒼白

　　曾是風　是水　風貌已不復——古月《咏月》片斷

古月曾寫過10首咏月詩，有《月之魂》、《月之焚》、《月之航》、《月之祭》、《月之晦》、《月之聲》、《月之影》、《月之隱》、《月之怨》，堪稱咏月之大全。女詩人淒美迷離的哀楚，是柔情與生命共譜的心曲。夾纏著寂寥、追戀、錯位、焚化、孤怨的複雜意緒。其中《月之航》不單停留于情愛的層面，實質已上升到人生無常的喟嘆，「泅水而過的寄萍」，「兩條平行線上的流星」，未曾駛入的航程，不可復現的風、水，都一一指向某個情感事件的「錯遇」或「不期」，進而讓人聯想到命運的乖舛與無常，而這一切，又都是在月的籠罩下引發的。

　　上面已經談到，臺灣現代詩人對原型意象的慘淡經營，乃是源於自我人格的一種投影，源於個人生命情緒的一種聚焦。這就不奇怪羅英何以對「鳥」特別厚愛（鳥羽間，溫熱的秋越過心的積雪山頭）該是一種對超越的追求？羅門對「門」的執戀（猛力一推竟被反鎖在走不出的透明裡）總是在暗示困頓中的掙扎與無望？洛夫對「石室」的肯定（剛認識骨灰的價值，它便飛起／松鼠般地往來／于肌膚與靈魂之間）肯定與死亡意識大有關係？余光中於「火浴」中的不同姿態（火啊火啊我回來了，奮疾向下撲去），恐怕少不了對更生的憧憬？周夢蝶在眾多的蝶之蛻變（第二度的，一只不為睡眠所困的蝴蝶）中，寄托了多少捏槃的神往？而古月於「月」的鐘愛，管管之於「荒蕪」，周鼎之於「空白」，商禽之於「咳嗽」的反復咏嘆，都表明成熟的自成一格的詩人大抵都擁有屬於自己的原型意象（或主體性主意象），這種主體性

主意象一般都貫穿著該詩人某一階段的創造期，也有的貫穿整整
一生。借此追蹤主意象的源頭，衍演，變異，發展，就可以更深
入把握詩人的歷史走向。如同大陸朦朧詩群的主意象（核心意象）
少不了「星星」、「泡沫」、「燈盞」，第三代詩的原型意象逃
不出「石頭」、「手」、「金屬」、「麥子」、「村莊」，這種
源自集體無意識的原型經過個體獨特性的加入溶解，日益顯出斑
駁的色彩。如果有機會細致比較兩岸原型意象在整體上與個體上
的差異，也許可以得出許多有趣的、意想不到的答案。

【註　釋】

① 　弗萊《批評的解剖》第99頁，普林斯頓出版社1957年。

② 　參見賴乾堅《西方批評方法評介》第171頁，廈門大學出版社1986
　　年版。

③ 　參見喬繼堂《中國吉祥物》，天津人民出版社1990年版。

④ 　此文有關鏡子的原型功能，接受李瑞騰先生《說鏡》一文的觀點，
　　謹表謝意。

十九　禪思：「模糊邏輯」的運作

　　中國現代禪詩，如果少了周夢蝶這一家，大概很難發展到今天這樣的品位。周氏詩中，無不充滿濃郁的禪境、禪理、禪趣、禪機，彷彿是一部篇幅雖小、但內涵幽邃的現代禪典「注本」。有關禪道的自性、本心、圓融、懸解，都在他詩中找到棲身之所。或者說，其作品的字裡行間無不閃爍著來自禪國淨地種種悅樂、靜虛、入定、澄明空寂的覺悟。當然，不能否認，他的精微妙諦少不了自王維以降業已熟爛的禪意，但又不能不感佩其在現世困境中，苦煞出來的禪思的運作，兩者的結合，已到了自如的程度。

　　基於詩人童年坎坷，漫長底層掙扎所引發的切膚之痛，轉化為一種悲天憫人的情懷；基於道家思想、基督原罪，特別是佛陀長期的浸淫而形成的救贖與超脫的廣義宗教觀，以及先天因素中非常突出的孤絕人格，在愈加困頓中愈顯卓韌，①三者共同孵翼著周氏的禪思，還是建立在相當堅實的人生基點上。它不是那種完全遁入空門不食人間烟火味的消遣，也不是一般傳授佛典禪法的文字遊戲，大抵都有將小我的痛楚體驗升華為大我的豁然徹悟。粗理起來，周氏詩作貫穿這樣兩條線索：

　　　　一條是自囚般的悲苦意識；
　　　　一條是超度式的自性覺悟。②
前者是後者的基礎，後者是前者的提升。兩者互為交迭，而愈到後來，後者愈占上風。這兩條線索構成周氏總體上的現代禪味。前者如：

　　總在夢裡夢見天墜

　　夢見千指與千目網罟般落下來

　　而泥濘在左，坎坷在右

　　我，正朝著一口嘶喊的黑井走去──《囚》

《囚》準確地傳達出詩人自囚的「情結」，這種心態無所不在，塑造出一副苦不堪言的西西弗斯式的「推石圖」。這種人生的悲哀、存在的悲哀、茫茫苦海無涯的剡痛決定了周氏必然尋求另一種超度：

　　死亡在我掌上旋舞

　　一個蹉跌，她流星般落下

　　我欲翻身拎起再拼圓

　　虹斷霞飛，她已紛紛化為蝴蝶──《六月》

這種超度經常以蝶為依托（這是周氏用得最廣的意象），她是對死亡對悲苦的解放與逃離。

　　本文不想沿著周氏這兩條線索繼續深入下去，而是準備分析一下周氏禪思的方法論，即他以何種獨到的手段進行禪思的運作？我發覺，在周氏的思維裡，到處充滿思維的悖論：價值的背忤，語義的牴牾，心物的「偷換」，語境的矛盾，無不指向邏輯意義上的嚴重「混亂」，恰恰是這種「混亂」成就了禪思的成功，而用現代流行術語來說，恰恰就是「模糊邏輯」運作的結果。

　　人們為確保思維的明確性，使日常交流順利進行，經過長期實踐摸索，已總結出一套完善的思維形式規律：同一律、矛盾律、排中律、充足理由律。人們愈是老實地恪守這些規律，思維愈順暢。然而在藝術與詩的世界裡，愈是違反這些規律，詩與藝術將變得愈有活力。因為詩與藝術的宗旨是要創造一個假定性世界，它要求脫離更多規範性的經驗秩序，脫離得愈厲害，假定性世界

的建立就愈有特色。因此在詩與藝術的思維中，大規模突破消解依現行世界制定的現行形式邏輯的束縛，已經成爲一種見怪不怪的常識了。周氏的突破與消解幾近極端，這種極端促成了他禪思運作的成功。

消解同一律

形式邏輯的同一律告訴我們：任何一個思維自身都應該確保它的同一性。如果反映了某一對象，那麼就是反映了這個對象，是什麼就是什麼，不能任意更換。如果Ａ是眞，則Ａ必眞；如果Ａ假，則Ａ必假。其公式爲：Ａ是Ａ。符號爲Ａ←→Ａ。且看周氏是如何「混淆」：

> 雪非雪
>
> 你亦非你──《菩提樹下》
>
> 乍醒驚喜相窺
>
> 看你在我，我在你

雪不是雪，你不是你，換上上式則成Ａ≠Ａ，Ｂ≠Ｂ，周氏在這裡做了一次膽大包天的偷換概念；你在我，我在你，則成爲Ａ＝Ｂ，Ｂ＝Ａ。周氏在這裡做了另一種「轉移」，這在同一對象思維中是絕對不允許的。顯然，周氏嚴重違反了思維的同一律，但恰恰就是這種違反，徹底消解獨立的人稱關係，消解你我的森嚴界限，使周氏迅速而順利進入忘我境地。

消解矛盾律

矛盾律是指同一個思維中，一種想法不能既反映某對象，又不反映某對象。也就是說，互相矛盾或者互相反對的思想，不能同時都是眞的。其公式是：Ａ不是非Ａ。符號爲Ａ⌒Ａ，表示：在同一思維對象進程，是Ａ就不能又是非Ａ。

> 縱使黑暗挖去自己的眼睛

蛇知道：它能自水裡喊出火底消息

所有的眼都給眼蒙住了

誰能于雪中取火、且鑄火爲雪？——《六月》

水與火勢不兩立，火與雪不能共存，周氏一方面有意摧毀思維的
矛盾律，不怕犯「自相矛盾」的錯誤；另一方面又巧妙運用矛盾
語、矛盾意象，將兩種互抗互拒、不可調和的矛盾事物同置於
統一語境，造成突兀而緊繃的張力。

消解排中律

排中律是指同一個思維過程，一個思想或者反映某對象，或
者不反映某對象，二者必居其一。其公式是：或是A，或者非A。
符號表示爲 A∧A，也可以簡潔地說成，「要麼A，要麼非A」，
總之是「選擇性」的二者必取其一。

不是追尋，必須追尋

不是超越，必須超越——《逍遙遊》

宇宙非小，而空白甚大

何處是家，何處非家？《絕響》

在邏輯上，一件東西是A就不可能同時不是A，要麼確定一個，
要麼否定一個，周氏偏偏兩者都要；已經確定不追尋，還必須追
尋，已經確定不超越還要超越，所以變成——不追尋就是追尋；
不超越就是超越；是家就是不是家，不是家就是家。這種「白馬
非馬」的思維，「上德非德」的倫理觀（老子），「不死不生」
（莊子）的生命觀，無疑構成周氏禪詩的主要內容，而破壞消解
排中律，利用「模棱兩不可」（或稱兩不可）的錯誤，顯然是其
中重要手段。

消解充足理由律

充足理由律是指一個思維過程，一個被確定為真的對象，必須具備充足理由。也就是說，任何判斷，要確定為真，必須要有足夠的根據。其公式為：A真，因為B真，並且由B推出A。符號表示為B→A。

> 在未有眼睛以前就先有了淚──《二月》

> 看你腳在你腳下生根
> 看你瞳孔坐著四個瞳孔──《一瞥》

未有眼睛倒先有淚；腳於腳下生根──這些都是毫無道理的「道理」。人們不禁要問詩人哪條神經出了毛病？前者顯然犯了「推不出來」的邏輯錯誤，後者犯了「虛假理由」的邏輯錯誤，但正是這種沒有任何憑據的「胡思亂想」，沒有任何內在聯繫、風馬牛不相及的「無道理」，才引領周氏抵達禪道的眾妙之門。

周夢蝶除了在形式邏輯上「裝聾作啞」般地破壞消解四大規律，且於時空、心靈與外域、自我、自我與他人諸多關係進行一系列顛覆，其中消解自我、消解物我是配合其模糊邏輯思維的重要內容與方法。

消解物我

> 甚麼是我？什麼是差別
> 我與這橋下的浮沫？──《川端橋夜坐》

「我」與物質的「浮沫」並無差別，我與物質的浮沫等值，這是莊子的「齊物」觀，這是周氏全身心拜服老莊的一種透徹。

> 是水負載著船和我行走？
> 抑是我行走，負載著船和水──《擺渡船上》

絕對真理失去了根本意義，在「心生，種種法生」的統罩下，一

切都是相對主義的展開：水、船、我，其實已失去壁壘森嚴的界限，開始逼近「天人合一」的景觀。

消解自我

> 枕著不是自己的自己聽
> 聽隱約在自己之外
> 而又分明在自己之內的
> 那六月的潮聲──《六月》

> 悠悠是誰，我是誰？
> 啞然俯視，此身仍在身外──《鬧鐘》

在一般情況下，人的自我與非我是難以區分的，只有進入特殊的境遇，比如進入坐忘、參禪澄明的入定中，進入萬籟俱寂、冥冥之中人的內心「獨白」時，自我方能顯現跳脫出來，產生第二、第三甚至更多的自我，然後再重新泯滅自我。只有在這特殊際遇中，人驚異地「靈視」到，原來人還有另一個（或另一群）「我」的存在，甚至於還能「靈聽、靈觸、靈嗅」到那活生生的「在」，何其妙哉！周氏正是依靠他特有的禪思，順利地靈視自我、他我、物我，同時也不費吹灰之力，便當地泯滅自我、他我、物我，不斷地獲得對自我與世界的發現與提升。

　　產生周氏這種幾近無是非、無利害、無差別的邏輯運思方式，從哲學上追溯自然要追到禪道本體。如若說佛家主張的本體是寂然不動的自性，那麼禪道則把這種自性看成是每個人本來澄明的心性，只有自性本心是真實的，而一切外在的東西都是虛幻的，因而禪道能「開眼則普照十方，合眼則包含萬有」。一切都從自性出發又回歸自性。由此哲學觀導致的心態必然產生禪道固有的「境由心設」論：是以發現自己的本心，回復到自己的本心為歸

依的。它輕而易舉泯滅了作爲對立面「物」的界限，泯滅了自我
與非我、自我與他我的界限，泯滅了一切諸如生死、是非、壽夭、
榮辱、升降的對立衝突，把這一切都建立在徹悟之中，最終進入
「無心」、「無念」的空靈的永恆。

　　這種歸依自性本心的宇宙觀和「境由心設」，勢必導致方法
論上的相對的、模糊的、非邏輯非分析的直覺思維，按禪宗的術
語講就是「不二法門」。由於禪宗認爲佛本體是不能發生主客區
分的「眞如自性」，而一切對它的知性思維只能改變其自性的內
核，從而失去本來面目，所以它的方法肯定要消解一切「差別」。
用我們今天流行的話來說，「它既不是遵守一般的肯定邏輯，也
不是一般的否定邏輯；而是超越二值邏輯之上的既肯定，又否定；
既不肯定，又不否定的模糊邏輯。對於任何事物，禪宗從不作非
此即彼的判斷，只作亦此亦彼，非此即彼的啓發」。③

　　周氏大量運用反邏輯、非邏輯、模糊邏輯的運思方法，造就
了他獨特的現代禪味，其妙諦「在不即不離，若遠若近，似乎可
解不可解之間」。④本文僅就方法論做了個別抽樣性剝取，多少
會損害其整體意味，但從中是否給予我們若干啓發——

　　現代詩主要是以生命體驗爲其本體歸屬的，切入生命靈魂內
質，依靠的多是一種非分析非推理判斷的內在靈覺，一種想象、
知解、靈感瞬時激活的悟性思維。這種內在靈覺與悟性必然要抵
制以明確性爲旨歸的形式邏輯的入侵。因而可以說，現代詩愈是
接近形式邏輯的四大規律，愈是遠離詩的，甚至在極端上可以說，
現代詩人的模糊邏輯、模糊思維愈發達，其詩愈是出色。

【註　釋】

① 黃重添、徐學、朱雙一《臺灣新文學概觀》第123頁，鷺江出版社

1991年版。

② 洛夫《試論周夢蝶的詩境》，見《洛夫詩論選》，（台）開源出版公司，1977年版。

③ 覃召文《中國詩歌美學概論》第256頁，花城出版社1990年版。

④ （清）朱庭珍《筱園詩話》。

二十　「名理前的視境」:「純然演出」＋「扭轉風景」

　　葉維廉一手寫他「純粹」經驗的詩,一手建構他的「純詩」理論。其中,有一核心觀點是「名理前的視境」,這個視境是他多年透徹中國古詩特質提煉出來的結晶。古添洪博士認爲:所謂「名理前的視境」,就是詹姆士所謂的只覺其「如此」(that),而不知其是「什麼」(what)的意思。①換句話說,就是只覺萬物形相的森羅,而不加以「名」及「理」的識別。名就是賦形相以名稱、名分,如把松竹定爲一種植物;理則是把概念的名關係化、實用化、道德化、情感化,如由松推及長青不凋(情感化),由竹想到高風亮節(道德化)。葉維廉所作的努力正是最大限度消除這種指涉性分析性極濃厚的「名障礙」,僅把事物的形相呈現出來,即呈現「如此」,而不說明「什麼」。用他本人原話講,就是在「水銀燈的照射下,景物自然發生與演出,作者毫不介入」②也就是說,詩人用「名理前的視境」經驗世界,把視覺置於概念化、關係化、實用化之前,讓萬物本相自然「羅列」,物象的意義便自然從形相世界中伸入道德與情感領域,進而達到不落言詮的境界。③這種純然演出的根據得益於葉氏多年對中國古詩的研討心得,例如:自我溶入自然渾然不分的存在;無言獨化的本相呈露;超越分析性演繹性的直接演出;視覺事象的共存並發、語意的非指涉非定性的多重暗示以及靜態的均衡美等等。④特別是王維物各自然、即物即眞的美感意識,使葉氏一改從前因語造境,

而循因境造語的線路，克服早期意象過於龐雜艱澀的毛病，而更接近於「純粹」的本意。

　　先讀《更漏子》：

　　　　高壓電的馬達寂然／圍牆外／一株塵樹／無聲地／落著很
　　　　輕的白花／／深夜／加工區／空行／如／風／吹入巨大的
　　　　銅管裡／／月／駭然滴出／驚醒／單身樓上的／一群鴿子
　　　　／／滴沽／滴沽／如／水塔上／若斷若續的／滴　　漏

筆者試把這首詩壓縮為「五言」，不考慮嚴格的平仄，似可成型如下：

　　　　牆外花輕落

　　　　夜深空如風

　　　　月湧驚群鴿

　　　　聲聲似滴漏

這四節（句）詩明顯是由四個連續性小情境構成的。第一節寫輕落的花，第二節寫加工區的空寂，前二節共同鋪墊出極靜謐的氛圍，第三節寫被月光驚醒的群鴿，第四節則由鴿鳴反襯出「鳥鳴山更幽」或「山幽鳥更鳴」的境界。在這裡，葉氏深得王維之真傳，將闡明性成分削減到最低程度，只把事象的客觀狀貌呈現給讀者，幾乎不做任何主觀意識的介入。通過兩組事象的同台對比演出，讀者極易感知媒體後面的意蘊：即工業文明對自然的侵擾，以及詩人對自然純美之嚮往。誠如葉先生自己所述：「這種詩抓住現象一瞬間的顯現（epiphany），而其對現象的觀察，由於是用了鳥瞰式的類似水銀燈投射的方式，其結果往往是一種靜態的均衡。」⑤

　　《曉行大馬鎮以東》也具有同項的「風景演出」，且更具純然，其中一段：

早晨
斜向
失徑的野地
忽覺
黃葉溢滿谷
谷口
溪
橋上
空架著
荒屋
一所
含在
遠
古
的
無聲裡

野地、谷口、溪、橋、荒屋五種物象，拒絕了一系列關聯詞的連綴轉換，通過斷句誇行的排列，甚至將谷、溪、橋三個物象作三字獨行處理，這種大膽脫節的分行方式，使物象呈現一種客觀化的形相羅列。沒有主觀追加的意緒，沒有強行的扭曲變形，僅僅讓物象的本貌原初般裸露在平靜的視境中。物象的本然的羅列就是一切。特別是最後一句「含在遠古的無聲裡」，將前面的全部風景悄悄地推向「物我兩忘、心物相印」的化境中去，堪稱無言獨化的上佳表現。無言獨化的精髓，按我的理解，就是強化物象自身的演出，讓其在萬象活動中自身「詮釋」自己，全然不服役於既定的人為理念概念。

以上二例，初探了「名理前視境」的一個方面，即事象的原初本貌，不作任何明示或暗示「注腳」，依靠事象自身作純然的風景演出。但這僅是「視境」的一個重要側面。另一個重要側面則是朝向相反方位發展，即「扭轉風景」的另一種演出。很早，葉維廉就借詩句道出他觀念中的這個重要側面，千萬不可小視：

　　我欲扭轉風景

　　所有情緒奔向表達之門

　　逼至未經羅列的意象——《夏的顯現》

從表面上看「扭轉風景」的扭轉兩字，可能對物象作出若干對應式借代，甚至將「風景」變形，肢解。但本質上，扭轉，還是要求詩人從一般習慣性掙脫出來，回復到「名理前的視境」上來，即在名理之前便把對象的關係給「清洗」了。

　　陀螺的舞蹈自花中，波濤起拂袖

　　擴張著日漸圓熟的期望

　　款腰自風中，沓沓然渦綣

　　臉上橫溢的景色

　　白玉盤無任地

　　盛茫茫眾目——《舞》

從此詩的題目可知這是描寫舞姿，如果葉氏採用前兩例手法作純然風景演出，勢必出現大量舞的原貌本相，諸如纖指、玉頸、流波、娥眉之類，可現在他採用的是「扭轉」的另一種手法，即將大量的舞姿變形、假借、轉換為其他意象，從而排除前兩例的直接呈現和純然羅列。詩中出現五種意象：陀螺、花、波濤、白玉盤乃至「景色」，都不是舞姿本然的形相，而是經過詩人主觀「扭轉」過篩選過的「形相」。這些「形相」倒真成了舞姿本相的一部分，但注意它們並沒有直接指向「名」與「理」，僅僅提供

了讀者還原從「如此這般」到「究竟什麼」的線索，因此在這被「扭轉」過的名理前的視境中，我們得以領悟：陀螺——旋轉，波濤——拂袖，疊合一體的舞姿；感受茫茫眼神被吸將過去——眾目盛玉盤的奇觀，其間用了「景色」眞絕，葉氏不用面顏面色之類，便輕而易舉把通向舞姿形相的「名」與「理」的途徑切斷了，景色比面顏面色包涵更廣而逃出名理的規定。這種扭轉後逃逸出名理規定性的視境幾乎一直貫穿到詩的結束：

　　有花朵自木馬旋開

　　有鈴聲自兩臂散落

　　有抽水的風輪牽帶著河漢

除兩臂一詞外，花朵、木馬、鈴聲、風輪、河漢都是對名理的「逃避」，同時也是對物象的「扭轉」。

　　　從上述三例粗略研討，我們似可看清名理前的視境大致肌理：一條是在名理之前，讓物象的原初本貌作直接的呈示，如龐德所說：「找出明澈的一面，呈露它，不要加以解說」，「剔除事物的象徵意義，事物本身就是一個自足的象徵，是一只鷹就叫它一只鷹」。⑥另一條是，在直接呈示之前，心物相印地「扭轉」物象本貌（「扭轉」物象，實際上也是要求達到與本然物象的同一），從而在本質上完成「物象自主的演出」。也許，從這兩個側面來理解葉氏的「純詩」、「視境」，會全面一些。

　　　經過漫長的摸索，到後來，實際上葉氏並非把「名理前的視境」貫穿到底。隨著心態、題材、經歷、地域環境變遷，他所堅持的經驗的純粹呈現，不能不介入主觀成分，有時竟非常濃稠，像《背影》，與他早期的《賦格》就判若兩人，我倒更推崇他後來的變化。

　　　在深刻的皺紋上／爬著夢／和疾病／汗濕漓漓的犁／犁著

　　／一大片／極目無涯的生活／就偶然／在臉的田疇上／曝

　　晒／一點點希望的／余穗

《背影》等對現實人生的深層切入，既多少保留早先追求的客觀

狀貌的呈現，又多少摻和個人主觀的評判。所以我總覺得，一個

詩人對世界的掌握與傳達方式，不必拘於固定一元。既然世界與

生命繁復得如迷宮，那麼條條道路都有可能通向「羅馬」，絕沒

有一種方式是全能的，包打天下的。你可以採取變形的扭曲的表

現，他樂於客觀的不動聲色的呈示，你偏重於純粹，他致力於混

交，都可以走出自己的路子。那些動不動就宣稱自己的套數是唯

一的最佳的掌握世界方式的人，倒露出自己的淺薄與無知。

【註　釋】

①③　古添洪《比較文學・現代詩》第199頁－200頁，（臺）國家出版

　　社1976年版。

②⑤　葉維廉《中國現代詩的語言問題》，見葉氏《秩序的生長》，（

　　臺）志文出版社1971年版。

④　葉維廉《飲之太和》第76頁，（臺）時報出版公司1980年版。

⑥　同上，第160頁。

二十一　語法修辭：壓縮‧
捶扁‧拉長‧磨利

　　蕭蕭評價余光中早年的詩「文采華美，活用詞曲中習用的意象，賦予新的生機，在字句的安排與斷逗、聲韻的釀造與鋪排上，表現了余氏獨特的運鑿技巧。可以說，現代詩人中余光中修辭的熟絡與靈活，少有出其右者」。①的確，余氏對語言調度的高度自覺與靈活，一以貫之。他在散文集《逍遙遊》後記中曾說：「我嘗試把中國的文字壓縮、捶扁、拉長、磨利，把它拆開又拼攏，拆來且疊去，爲了試驗它的速度、密度和彈性。我的理想是要讓中國的文字，在變化各殊的句法中，交響成一個大樂隊，而作家的筆，應該一揮而應，如交響樂的指揮杖。」②這裡指的雖是散文語言，其實也代表他的詩歌語言觀念與實踐。一組組象形隊列，就在他敏感而靈通的指揮杖下，伸展收縮，組成變幻萬端的方陣，無論是文字的排列、跨行、中止、延伸，抑或語法的倒裝、易位、省略、扭斷，還是修辭的各種變格，他都能逞才使氣，達到一種堪稱信手拈來、任由驅遺、左右逢源的境地。

　　中國古典詩詞有關語法辭格已積累了相當豐富的經驗，其名目繁多眞是美不勝收：有以名詞爲中心的定名結構組織如「列錦法」──樓船夜雪瓜洲渡，鐵馬秋風大散關（陸游）；有故意作出曲解誤解的「巧綴法」──舟中賈客莫漫狂，小姑前年嫁彭郎（蘇軾）；有顛倒文法順序的「易位法」──紅豆啄余鸚鵡粒，碧梧栖老鳳凰枝（杜甫）；有把實際不存在的事物說得如見如聞

的「示現法」——羲和敲日玻璃聲，劫灰飛盡古今天（李賀）；此外，還有大家熟悉的「拈連法」——對瀟瀟暮雨洒江天，一番洗清秋（柳永）等等，常用的已多達四五十種。

余光中不僅深諳這些豐厚的辭格，且多有創造性發展，有如萬花筒，時時花樣翻新，目不暇接。下面，就其中一小部分，雙關、化解、轉品、易位、拆嵌、綴連做點介紹，以斑窺豹。

雙關

雙關，是一個詞或一個句子暗合兩種含義。它經常採用諧音、同字，關涉兩重事物或兩件事。

　　零下的異國　我的日記裡

　　有許多加不成晴朗的負數——《當風來時》

「零下」一詞一方面指氣候冷冽程度，另一方面指心理、心境心態的凍結狀態。氣候和心態都在負數以下，負數相加還是負數，雙重相克，表達很深的苦寂。還有比這雙關更高級的，如《獨白》結尾：

　　最後燈熄，只一個不寐的人

　　一頭獨白對四周的全黑

「獨白」在此看來不止雙關，而上升為三重含義了，利用同字同音，一指主人翁自己年事漸高，頭髮已白；二指面對四周的全黑，予身清白高潔；三指夜深人靜時，主人翁進入自言自語的獨白（寫作）狀態。

化解

化解是對古典詩詞曲（包括題意、掌故、典事）的點化，演繹，或衍生。

　　掃墓的路上不見牧童

　　杏花村的小店改賣了啤酒

　　你是水墨畫也畫不出來的

　　細雨背後的那種鄉愁──《布谷》

顯然，這四句是化解杜牧《清明》一詩。牧童、杏花村、酒家統統都為作者的鄉愁做潛在服務，特別是「改賣了啤酒」，這一改，把原來很容易落入套路的古意，提到了現代生活層面，其間隱藏了多少無聲感喟。下面是單句的點化，如：

　　李商隱：「斷無消息石榴紅」

點化成：

　　斷無消息，石榴紅得要死──《劫》

非常口語化的土語「……要死」彷彿漫不經心加上去，卻加重了與消息的對比性，把嚴峻的句勢點活脫了。

轉品

　　轉品是根據相關語境，故意轉變其中某些詞的詞性（品性），如名詞轉化為動詞，形容詞轉化為名詞，量詞轉化為形容詞等。

　　卓文君死了二十個世紀

　　春天還是春天

　　還是雲很天鵝，女孩子們很孔雀

　　還是雲很瀟洒，女孩子們很四月──《大瘦山》

此例是名詞轉形容詞，它有兩個好處：(1)由於名詞被「塗上」形容詞油彩，故它的內涵大大增加了聯想空間。(2)由於副詞「很」後面「硬要」跟上名詞，在這漢語語法背後就省卻了一大串狀語成分，句子顯得格外洗煉。雲很天鵝，是指雲像天鵝一樣，可有各種聯想形態，如性質上的蓬鬆，顏色上的純白，運行上的飄逸；女孩子很孔雀，也是指女孩子像孔雀一樣，可有各種聯想形態，如色彩的絢麗，神態的驕傲，心理上的爭艷。

　　再看另一特例，量詞轉化替代介詞。

　　我便安然睡去，睡整張大陸——《當我死時》

按規範語法，睡去後面應緊跟介詞「在」，作者恰恰不願這樣，
因爲他知道依照慣常用法，「睡在大陸」詩味全失；而將介詞用
量詞「張」來頂替，效果則不一樣，因「張」與後面「地圖」暗
裡遙相呼應，不會給人突兀雕琢之感，反而顯示作者的大氣度大
氣脈。

　　還有，量詞轉化爲形容詞或名詞。

　　你和一整匹夜賽跑——《詩人》

　　一座孤獨/有那樣頑固——《積木》

用非抽象的量詞將抽象的「孤獨」和偌大的時空「夜」具體化。
由於「匹」的關係，夜實際上被形容爲長度有流動感；由於「座」
的關係，無形的孤獨實際上亦被形容爲具有沉重實在的空間感。

折嵌

　　折嵌是根據音形義關係，在特定詞字中，進行「減員」或「
增補」。

　　不用和魔鬼訂任何條約

　　座右無銘

　　道德無經——《浮士德》

余氏自如運轉語言還表現在對隨便一個典故、一個術語、一句成
語、一個用濫的詞，信手拈來減一字或加一字，都能令其生輝，
頗有「一指禪」硬功夫。如上例，「座右銘」與「道德經」分別
是術語和書名，插進一個「無」字，變成無銘、無經，與前頭詞
語搭配，不僅說得通，且教人回味無窮。再如：

　　無論哭聲有天長戰爭有地久

　　無論哭倒孟姜女或哭倒長城——《燈火》

將成語天長地久拆開，嵌成哭聲有天長，戰爭有地久，頗得奇趣，甚至於作者自己的名字，都可以通過拆嵌法，巧妙塞進詩行，眞是無孔不入：

> 濕濕的流光中
>
> 燈光兩三，閃著誰的像——《降落》

將「濕濕的流光中」拆開，完全可以變成「濕濕的流，光中」這樣一來，就把作者的名字打進詩中。不知是無心還是有意，《白玉若瓜》也有一句是大家所熟悉的「在時光以外奇異的光中／熟著，一個自足的宇宙」，可以拆成：

> 在時光以外，奇異的
>
> 光中，熟著，一個自足的宇宙

詩人將自己名字巧妙嵌入詩內，並非文字遊戲，它實際上亦起著雙關作用，利用文字的藕斷絲連，利用同音歧義、同形變意，寄托了詩人的人格理想。

綴連

綴連是指文字詞語之間相互的銜接引領，由前一個字詞因勢因意誘導出後一個字詞，這叫「因詞生詞」。同理，也可以造成「因句生句」，「因韻呼韻」。余氏慣用這套手法。

> 公寓的陰影圍過來
>
> 圍過來陰影圍過去——《雨字》

> 中國啊中國你要我說些什麼？
>
> 天鵝無歌無歌的天鵝
>
> 天使無顏無顏的天使

兩例用字都是「顛來倒去」。「無顏」、「無歌」與「天鵝」、「天使」互相生發，陰影圍過來圍過去，互相糾纏，互相引領。

即便只有兩個字，也可以顛倒，當一回「倒爺」。

> 翻過來，金黃
>
> 翻過去，黃金
>
> 誰掉了一顆金黃的心──《白楊》

甚至一個「死」字，也可以變出三種句型：

> 阿善公是死不了的
>
> 阿善公不能死
>
> 阿善公要是死了──《阿善公》

第一句變成正面肯定的判斷句，第二句為負面肯定陳述句，第三句是假設性陳述。由此可見余氏手腕之活絡。再看一個「搖」字如何三變：

> 一只古搖籃遙遠地搖
>
> 搖你的，吾友啊，我的回憶

第一個搖是名詞，第二個搖是形容詞，第三個搖是動詞，在如此緊湊，只有九個字的羊腸小道，塞入那麼豐富的「搖滾樂」，代表三種意思，怕是古今罕見了。除了「顛來倒去」、一字多義外，余光中還擅長因句生句。

> 橋下流水橋不流，年年七七
>
> 那老傷口就回過頭
>
> 就回過頭來咬他──《老戰士》

傷口是不會咬人的，但詩人意識潛能裡已把傷口拆開，這樣只剩下口就變成會咬人，所以由傷口這個詞（確切的說是由口）引出下一句，「咬他」，而且「狠狠咬」，一咬再咬。因詞生詞，因句生句，簡直令余氏在小小篇幅中，駕著文字的「輕騎」，隨心所欲，暢行無阻。

易位

　　是指根據詩情詩意發展需要，大膽改變規範語法中句子成分的本來位置，各種形態的倒裝句，是易位的主要表現。

　　有一個字，長生殿裡說過

　　自一只玲瓏的耳朵

　　就在那年，那年的七夕──《啊太真》

這也是余氏常用的句型，濃厚的歐化倒裝──具有某種「待讀」效果。如果恢復正常語態，則是「有一個字，我曾向一只玲瓏的耳朵，在長生殿裡說過」，效果就寡味多了。余氏早期倒裝易位，有時近乎極端，如「曾經，雨夫人的孩子，我是」，把狀語「曾經」易位到開頭，真是「狗膽包天」。還有「已經，這是最新的武器」也是同一類型。盡管後來，倒裝不那麼厲害，但各種句子成分的變移位置仍時有所見，下面是一典型余氏語型：

　　月，是盤古的瘦耳冷冷

基本上是主謂賓結構，只是將定語拉到賓語後面，且刪掉一個「的」字，似乎有意讓「冷冷」充當一下補語。由此句子，筆者試翻轉出另外八種句型，這八種都可以在余氏詩中找到印證。

　　(1)月冷冷，是盤古的瘦耳

　　(2)盤古的瘦耳是，月冷冷

　　(3)冷冷月，是盤古的瘦耳

　　(4)月，是盤古的冷冷瘦耳

　　(5)盤古的瘦耳，冷冷是月

　　(6)盤古的瘦耳，是冷冷月

　　(7)冷冷的盤古瘦耳，月是

　　(8)盤古的瘦耳冷冷，月是

除了(7)、(8)兩種較少見，以及少數如「紅塵黃衫，當年都是」（《少年遊》）、「堂堂的北京人，我就是」（《西出陽關》）外，

其餘在余氏詩集中不難找到例證。總之，余氏語法句型的翻新，經常在倒裝、懸空、前置、轉位、省略諸方面大做文章。而這種語法句型運用到散文，更成就了一種恣肆汪洋的大家風度。

記得流沙河在評析《那鼻音》一詩中也曾褒揚：「余光中的語言求新求僻。水晶透明形容語音，不用緊張而用張緊（把電話線張緊），不用振波而用波振，不說眾人傾聽而說耳朵簇仰，不說悅耳而說醒耳（來自醒目一詞），不從光照方面去覓詞而用含情脈脈去形容桌燈，都是例子。」③是的，要深刻理解中國漢字的活性，看來，余光中提供了一種範本。他以「精新意趣，博麗豪雄」的風貌在臺灣自成一家，特別是對中國漢字特質的洞察透徹，對漢字音形義之底蘊與韻味的切膚之感，使他「玩」起來，左右亨通，無以窒礙，本文僅僅做了一點佐證。在詩的語法與修辭方面，余氏無疑為我們樹起了一塊中國化「豐碑」。

【附　註】

① 張漢良、蕭蕭《現代詩導讀》第89頁，（臺）故鄉出版社1982年版。
② 余光中《逍遙遊》後記，（臺）文星書店1965年版。
③ 流沙河編《余光中詩一百首》第151頁。

二十二　節奏：對位、快慢板、復迭及其調頻

　　詩，是「詩想」的音樂。現代詩，是情緒的旋律，而旋律的重要構成是節奏。筆者在《現代詩創作探微》中已詳細闡述詩的外在節奏與內在節奏之功能及兩者關係，在此不再贅述。想補充的是：愈走愈遠的現代詩人愈來愈不重視詩的外在節奏，認爲憑借詩情的自然消漲，憑借心靈「樂思」引領，順隨詩思的流蕩，就可以大抵成型內在節奏，並以此取代外在節奏，這才是現代詩音樂美的主要追求。面對此種風潮，歸依傳統的余光中不僅絲毫不想淡化削弱外在節奏，反而有所加強。詩的節奏，是指詩思詩情運動的有機秩序，詩的外在節奏主要由音節、腳韻、對稱性因素構成。余光中通過對中國文字經絡的透徹把握，巧妙運用各種調度手段，於對位和聲、慢板、快板、賦格、擬聲、頂眞、復迭，以及跨行、間隔，乃至小小的標點符號，都做出敏感的反應（或曰調頻式微調），使內在詩情詩思準確地通過外在節奏給傳達出來。

和聲對位

　　音樂上的對位是指不同聲部復調的有機組合。由於詩行是歷時性的行進，不像樂章多部旋律可共時同步產生，因此詩歌的對位只是借用這一術語，實際上它沒有音響上的共時，只有視覺意義上的對位及和聲的潛在效應。

　　　如果黃河凍成了冰河／還有長江最最母性的鼻音／從高原

> 到平原／魚　也聽見／龍　也聽見／／如果長江凍成了冰
> 河／還有我，還有我的江海在呼嘯／從早潮到晚潮／醒
> 也聽見／夢　也聽見——《民歌》

這是一段變化不太大的和聲對位，大約有一半「音符」相同，採用一種並置性行進方式。兩段中，第一、三、四、五句極為工整、對仗。只有第二句作適當變化，否則會顯得呆板。這一段的對位特點是，嚴飾與舒展、文言與白話、高雅與通俗三者較好地糅合在一起，形成一組音色相當渾厚的男中音和聲部。《凝望》中也可以「聽」到非常優美的一段：

> 你的窗北／比特麗絲啊／你的方向是戌辛的方向／是旗的
> 方向／鷹的方向／用瞭望台的遠鏡，你眺我／用歌劇的遠
> 鏡，我眺你／我們凝神，向相反的方向／眼與眼可以約會，
> 靈魂與靈魂／可以隔岸觀，觀火生火滅／觀霧起霧散／雨
> 落雨霽／看淚後有一條安慰的虹

但比起《民歌》，它變化大得多了。為了考察方便，特意把它抽取出來，從中可看出對位所發生的平衡與破壞的統一，而在對位中起骨架作用的是對仗——相當於旋律中的「和聲」，下面即是這一段「淨化」後抽樣出來的三對「和聲」：

> 用瞭望台的遠鏡——你眺我
>
> 用歌劇的遠鏡——我眺你
>
> 眼與眼——約會
>
> 靈魂與靈魂——隔岸觀
>
> 觀火——生與滅
>
> 觀霧——起與散
>
> 雨落——雨霽

柔板

余光中十分講究並很會控制詩情運行幅度與速度。輕重緩疾，悠長短促，都能恰到好處。感傷憂戚，常以柔板賦之；昂奮高蹈，慣以快板鋪之。而這些做法，大抵都在不分段中進行，充分利用排列、跨句、標點加以調整，使調性與主題動機相當得益彰。

> 當我死時，葬我，在長江與黃河／之間，枕我的頭顱，白
> 髮蓋著黑土，在中國，最美最母親的國度／我便坦然睡去，
> 睡整張大陸

讀這段詩最大的感受是，馬上進入一種安魂曲式的慢板氛圍，有一股祥和、靜穆的震懾力抓住你的神經。深究原因，主要是作者有意拖長聲調，放慢節奏。原來，作者巧妙用6個逗號插入詩行，把長句子斷開，且順應語勢，將其中三句做誇行處理，這樣總體上就顯出不斷停頓的韻味，而這種停頓無形中倒把那種恬靜安詳的情懷給傳遞出來。讀這段詩彷彿眾人圍佇在墓地前，靜聽一位牧師緩慢地誦吟讚美詩一樣。這種慢板的節奏控制，還得益於意象的輔助，作者不用高密度意象，而是適當稀釋，使節奏得以減速：

> 聽兩側，安魂曲起自長江，黃河
> 兩管永生的音樂，滔滔，朝東
> 這是最縱容最寬闊的床
> 讓一顆心滿足地睡去，滿足地想

這四句的語調語氣一脈承接上面，同樣顯得舒緩平和。不過，有一點不同，腳韻改成江陽韻（江、床、想），這樣就使前面的短促韻（顱、士、度、陸）變為更洪亮悠長，這種悠長的韻味特別適合於做夢人滿足的睡去，滿足的懷想，從而使這一段柔板節奏成功地傳達出主人翁悲戚的主題樂思。

快板

　　相對柔板而言，這是一種鼓點般的快速節奏。余光中採用快板，有時妙在並不借助短句分行優勢，而是別出心裁把它們藏在長句中，竟讓讀者不那麼容易看出，如《唐馬》：

　　　旌旗在風裡拓，多少英雄／潑剌剌四蹄過處潑剌剌／千蹄

　　踏萬蹄蹴擾擾中原的塵土／叩，寂寞古神州，成一面巨鼓

這些句子表面上看是三句分行，其實分解開來，是由十來個短句構成，只要你誦讀起來，其短暫、急促、奔馳、跳脫的節奏立即油然而生，完全與詩中描寫的對象唐馬吻合。余氏大概爲整首詩整齊起見，把它們排得較長，如果換成下列分行，會不會在視覺上有一種更急迫的效果？

　　　潑剌剌

　　　四蹄過處

　　　潑剌剌

　　　千蹄踏

　　　萬蹄蹴

　　　擾擾

　　　中原的塵土

　　　叩

　　　寂寞古神州

　　　成一面巨鼓

余光中曾說過：「節奏是詩的呼吸，影響節奏最大的是句法和語言。」①此段的急促呼吸完全是由短句和帶有急促色彩的短韻構成的。

復迭

　　　給我一瓢長江水啊長江水／酒一樣的長江水／醉酒的滋味

　　／是鄉愁的滋味／給我一瓢長江水啊長江水／／給我一張

　　海棠紅啊海棠紅／血一樣的海棠紅／沸血的燒痛／給我一
　　張海棠紅啊海棠紅──《鄉愁四韻》

復迭是民歌民謠中最重要最基本的手法之一，同一物象的反復示
現能加深印象與情感濃度，它的往返回復最易釀出濃稠的情愫，
給人以回腸蕩氣的打動。許多現代詩人卻不屑採用，認為太單純
太土氣。余光中倒不忌諱，反而愛不釋手，他曾說過「詩和音樂
結婚，歌乃生」。又說「關於我自己，對於詩與音樂的結合，是
頗具興趣與信心的」。與《打擊樂》大多數作品一樣，他經常採
用復迭，造成音調和諧，音韻悠長，一咏三嘆。純樸而不失渾厚，
如嚼橄欖，有回甘之美妙，且這種復迭往往同時與和聲對位一起
混用，效果也就更好。

復韻

　　復韻其實是歸在復迭的範疇裡，它是同一腳韻的不斷重覆，
類似於復迭中同一物象同一意象乃至同一語型的重覆。由於韻腳
有連環、縮結加深印象記憶的功能，巧妙採用復韻，除了在旋律
上增加美感快感外，更由於韻腳前的字意關聯，往往起到純旋律
所不及的另一效用。

　　這該是莫可奈何的距離

　　你在眼中，你在夢中

　　你是飄渺的觀音，在空中──《觀音山》

眼中──夢中──空中，最後的「中」都是復韻。但是，韻前的
「眼」、「夢」、「空」所構成的潛在關聯，就使讀者何嘗穫得
聲韻上的快感？這三句有排比的成分，有並置的成分，有復沓的
成分，而其詩的內涵是由眼睛看到的「實」朝向夢中、空中的「
虛」發展，頗具中國化特有的句法，省略了一系列轉折性虛詞，
異常緊湊結實，一個緊綴一個，從而使無可奈何的情思最終落在

「中」的復韻囊中，獲得充分飽和。

　　就這樣夢著，醒著，在多峰駝背上

　　回去中國，回去啊，終於回去——《多峰駝上》

實際上這也是復韻的另一變種（是雙腳韻的復韻），連續三個「回去」，加重回去的反復唶嘆的效果，且配置三個逗號及後面一個感嘆「啊」，更平添了急切焦灼的情味。

　　總之，復迭（包括復韻內韻及頂真），都是一種會產生復返預期的音樂美效果。「這種預期不斷地產生，不斷地證實，所以發生恰如所料的快感。」②顯然，復返、重覆是節奏的一個重要標誌。有重覆才有節奏感，有節奏感才有音樂美。「音樂是一種力求把情緒加以反覆咏嘆和雕琢的藝術：重覆有助於達到這個目的，因為重覆使意識不斷地回到同一主題上來。」③看來，為取得詩的音樂美，萬萬不可丟掉各式各樣的重覆及重覆變奏的手段。

調頻

　　有些文言詞滙、專有術語、成語要插入詩中往往顯得生硬且會破壞節奏，不免使詩運行滯礙、乾澀。詩人往往憑助靈性，巧妙調度，將不和諧雜音「濾波」、「整形」，使其音形符合所規定的「收聽頻段」，這就是調頻。余光中非常擅長此道，將生硬的音形過濾，自如駕駛語勢，化解不協調因素，使詩思能在間隔、停頓、轉折的語意中擺脫板滯，亦有人稱這種做法為「文白浮雕」。

　　仰也仰不盡的雪峰，仰上去

　　吐霧、吞雲、吹雨——《落磯大山》

後句的吐霧吞雲吹雨具有文言的語質成分與節奏，是單字單音組成嚴格的雙音節。詩人先在前一句連續用三個「仰」字，前兩個仰處於膠結狀，第三個是堅決果斷將它推上去，製造出一種上行性旋律，接著馬上轉入短促整齊的「三頓」——吐霧、吞雲、吹

雨，這樣使得一個「高八度」的上行旋律搖曳一變爲急促的「短平快」，節奏就顯得異常活潤圓通了。此類調頻的細微處，真正調出了「文白浮雕」效果。

標點

不要小看標點，正如不要小看跨行。一個小小的跨行或標點也會在相當程度上改變詩行的節奏。余氏對節奏的重視大到和聲對位，小到一個頓號，從不掉以輕心，試看《漂水花》：

> 忽然一彎腰
> 把它削向水上的童年
> 害得閃也閃不及的海
> 連跳了六、七、八跳

筆者生在海邊，多次打過漂水花，片石掠過海面，那一跳一跳的感覺，差不多亦是自己心臟一跳一跳的「內模仿」。這一節奏既屬於外在的大海的，也屬於心靈的。在六七八跳中用了兩個頓號將它們隔開，用跟不用標點的節奏絕不一樣。第一，用了頓號，立時使水漂的過程產生「放慢」。慢鏡頭引起更多味道。第二，製造出停頓，正好吻合片石「點」水一頓一頓的特徵。第三，點活了偌大的大海，同時也點活了主體內心的驚喜跳躍感。特別值得指出的是，前頭還加了「連跳」兩字，句頭的跳與尾巴的跳相互呼應，產生一種輕快活潑的往返節奏，同時把頑童式的心理寫活了。

記得哪一位大家曾說過：不懂音樂的人不會是一位好詩人。因爲詩是靈魂的音樂，詩是帶文字的旋律。詩與音樂的密切關係要求詩的傳達應具有流暢和諧的樂感，起伏跌宕的律動，抑揚頓挫的節奏，回環蕩氣的韻致。余光中以靈活的多樣化調度手段，接二連三奏出一闋闋中國化的回旋曲、奏鳴曲。他在不削弱內在

節奏的同時，致力於外在節奏的不懈追求，使內在節奏與外在節奏出色地統一起來，這一中國化的努力，確實給一味拋棄外在節奏的人一帖清醒劑。

在詩的霧區裡航行，余先生不時扮演著敲鐘人。

【註　釋】

① 余光中《現代詩的節奏》，見《掌上雨》，（臺）文藝書屋1975年版。

② 朱光潛《詩論》，第六章《詩與節奏》，上海正中書店1948年版。

③ 克羅齊《美學原理》第179頁。

二十三　三聯句：余氏特殊的「專利」[①]

　　律詩發展到唐代，其對偶對仗的整飾嚴謹已臻於無可挑剔的境地，杜甫一句「萬里悲秋長作客，百年多病獨登台」，竟讓詩家們足足挖掘出九層意思，可謂登峰造極。對仗使用得好，可在起承、呼應、對比、襯托乃至音律諸方面取得良好效果，構成一個二元自足的結構。不過用濫了，也會給人呆板停滯及人為造作之嫌。也許為了突破對仗的束縛，宋詞在唐詩基礎上發展了錯落的長短句，這樣，對仗的「變種」──三聯句出現了。

　　　　盤花易綰

　　　　愁心難整

　　　　脈脈亂如絲──無名氏《九張機》

第一、二聯非常工對，為打破整飾局面，第三聯就來個變化，但這種變化基本上還是在同一向位上延伸。

　　　　行行讀遍

　　　　慊慊無語

　　　　不忍更尋思──同上

比起上例，第一、二聯不再工整了，尚帶駢偶痕迹。雖然開始略有變化，但第三聯還是原來意義上的同向強化，尚未出現大跨度的與原意逆反的突破。下面則是另外常見的兩種三聯句（倒裝型與合題型）：

　　　　花自飄零水自流

> 一種相思
>
> 兩處閑愁——李清照《一剪梅》

這個三聯句帶有首尾倒換的意味。先以收尾的景在首聯宕開，然後再道出兩處相思。

> 春日舊
>
> 人空瘦
>
> 淚痕紅浥鮫綃透——陸游《釵頭鳳》

這又是另一種「合口」三聯句，第一、二聯具有正反對比張力（春好人瘦），最後一聯才作彌合性消解，整個三聯句，頗有「正反合」味道。

從上述宋詞三聯句抽樣可以看出，比起律詩對仗，它在局部上尚保持駢偶的工整嚴密的長處，且又能加以變化，從二元靜態整飾發展到跳躍性的「三足」結構。之所以稱它比對仗更具跳躍活力，理由是：當雙聯過渡到收尾時，潛伏著某種動態勢能。這種動態潛能或能作出跌宕，或能製造落差，或能設置懸宕，或能儲備遷躍，比起相對靜態的對偶對仗更具靈活與自由。三聯句的這些美學特點也許可以概括為：

⑴在並置的平面推進中，作「躍級」式升遷，具有懸宕之美。

⑵在短暫齊整的節律中，變化為較長較自由的節奏，具有旋律之美。

余光中深諳此道，他自典雅的《鐘乳石》、繽紛的《萬聖節》走出後，就一心挾帶唐詩宋詞的片片荷光月色，精緻地做起《蓮的聯想》。余氏的聰慧與閎博表現在對中國古典文化營養的全面吸收，許多被熟用濫用的句型、句勢、語意、語調乃至一詞一字，經他的「文白浮雕」，往往翻出許多新花樣。

> 心中無你，血中無你

飛出情網，塵網，飛來這裡──《遺》

這是典型的余氏三聯句。如果此例帶著漸進型痕迹，下例則更具
邅躍色彩：

最耐看該是隔岸，不是登山

舉目是山，回頭是岸

我是商隱，不是靈均，行吟澤畔──《觀音山》

第一聯肯定是山，第二聯肯定是岸，第三聯雖順依前兩聯作出肯
定，卻來個大跳躍：從大自然的物跳到人的「我」，拉開了三聯
中的眞正落差。類似這樣的形式結構在《蓮的聯想》中到處可見，
且與內容取得有機吻合。余光中似乎有意將人、神、物三者「塡
充」其中，使句型與內在情致交融一體，形成余氏特有的「三棲
性」徽記，「我的蓮希望能做到神、人、物，三位一體的『三棲
性』。它、她、他。由物蛻變爲人，由人羽化爲神，而神固在蓮
上，人固在蓮中，一念精誠，得入三境。美之至，情之至，悟之
至，只是一片空茫罷了。」②就具體方法而言，余光中往往在第
一、二句做或平行並置、或強烈對比的雙聯，然後盡可能讓第三
聯在另一層面上做出邅躍式提升。因爲前兩聯所產生的某種潛在
的延宕、落差勢能爲最後結果提供眾多可能，而前雙聯與第三聯
所拉開的距離往往構成一種力的衝突，衝突就是張力。余氏的語
言張力有一部分就表現在這具有懸示效用的三聯句上，其詩思經
常或自物向人提升，或人向神飛躍，或物人神同步轉換。典型如
「飛來蜻蜓，飛去蜻蜓／飛來你」，就是從物的層面忽然躍升到
人的層面。此外，余氏還經常利用腳韻、復迭、倒裝、頂眞、調
頻、「文白浮雕」等手段突破原來比較固定的三聯節奏，使其帶
上更富變化的旋律色彩，典型者如《等你，在雨中》。

　　余光中不獨鍾情前述典型的三聯句，還不時引植出眾多並型

並種，如疊加性三聯句、連鎖性三聯句、旋律性三聯句等。

疊加性三聯句

其意味是在意向的同一方位上作情思的累積。

> 橋下粼粼，橋上粼粼
>
> 我的眸想亦粼粼──《中元夜》

從物跳遷到我，但都在「粼粼」上做同一向位的意義遞增，有一種順向直接呼應的深延效果。

> 彼岸魂擠，此岸魂擠
>
> 回去的路上魂魄在遊行──《同上》

此例基本上還是同類意義遞進，且還是圍繞著一個「擠」字，不過收尾在語意上作了變化，不直接順應上面的「擠」，而是換了另一種說法（魂在遊行）。下一例則帶有回環性質：

> 我在彼岸織你的錦
>
> 你在此岸吹我的笛
>
> 從上個七夕，到下個七夕

前兩句是空間上的阻隔分離，第三句雖轉為時間上的綿長，具有時空性質方面的「互補」，相映成輝，但本質上還是隔阻情思在時空方位上的疊加式增值。

連鎖性三聯句

連續引出幾聯，然後再行收尾，顯得意思綿出，一環緊扣一環，這是宋詞難以見到的。

試看《蓮的聯想》：

> 諾，蓮何田田，葉何翩翩……第一雙聯
>
> 你可能想象　　　　　……過渡（不收尾）
>
> 美在其中，神在其上　……引出第二雙聯
>
> 我在其側，我在其間　……引出第三雙聯

　　　我是蜻蜓　　　　　　……第一收尾

　　　風中有塵，有風藥味　……引出第四雙聯

　　　需要拭淚，我的眼睛　……第二收尾

《茫》亦是同類，每節四行，看其中第四段四行。

　　　天河如路，路如天河，　……第一雙聯

　　　上游茫茫，下游茫茫，　……第二雙聯

　　　　渡口以下，渡口以上　……第三雙聯

　　　兩皆茫茫。我已經忘記　……收尾

　　　從何處我們來，向何處我們去……引出第四雙聯

收尾「我已經忘記」，其實是與第四聯做了倒裝，實際上這個「四聯」亦可以稱做倒裝性三聯句。

旋律性三聯句

　　　如果你的手在我的手裡，此刻

　　　如果你的清芬

　　　在我的鼻孔，我會說，小情人──《等你，在雨中》

在第一聯與第二聯之間，有意插入「此刻」，造成同一句型的節奏改變，前兩句為長句，收尾則來個兩個三字短音，造成前長後短的節奏變化。

　　　月在江南，月在漠北，月在太白

　　　的杯底。現代浸在古代的月裡

四個句子，前三個分別以月亮牽頭，已有復沓結構，且月於句頭，如音樂節拍的「重」音在前，頗有重音突出效果，再加上頓的錯落和諧：第一行兩句都是兩頓，第三句故意將「的杯底」拉上前頭，形成參差，造成兩頓的變化轉為三頓，最後一句再轉為四頓，這樣產生二二三四的節拍，以前頭的緊湊，和後面悠長及中間的變化造成旋律的起伏和諧。再看：

　　雲裡看過，雨裡看過

　　隔一彎淺淺的淡水，看過

這一例則有所不同，用「看過」連續三次作爲雙韻腳，造成聽覺上更爲響亮的效果。第二行有意拉長，收尾卻用短短兩字，讀起來，既有雙韻腳特殊的韻味又有長短錯落的和諧。

　　行文至此，本該結束，忽然記起顏元叔先生評論余氏的一段文字：「許多人說，余光中的語言比較乾瘦。我也同意這點。」③讀此論斷，當時著實叫我大吃一驚，因爲顏先生冠以「許多人說」。竊以爲，余氏的語言，左看右看，絕對屬於那種豐潤類型（豐沛與繁麗），如何以乾瘦論之!?乾瘦者，乾燥堅硬也，不知顏先生是指余氏早期傾向抑或臺灣批評界乾瘦標準與大陸這裡不同？始終百思不得其解。讀完《蓮的聯想》，倒更堅信余氏語言之豐沛繁麗，其靈活的語勢句法，藝術上的多妻主義，實在與「乾瘦」相距甚遠矣。

【註　釋】

①　余氏三聯句的確定，首推臺灣江萌先生。本文寫作受其啓發影響，深表謝忱。

②　余光中《蓮的聯想》序言，（台）大林出版社，1983年版，第7頁。

③　顏元叔《余光中的現代中國意識》，見《談民族文學》，（台）學古出版社1973年版。

二十四　俳諧：滑稽‧諧謔 ‧微諷‧幽默

　　俳諧，原是日本一種古典詩體，通常以三句十七個音組成，排成「五、七、五」字的行式，經17世紀江戶時代松尾芭蕉倡始，19世紀明治詩人正岡子規革新，終成現在的俳句體；它通常取材自然界客觀物象加以寓意，文筆樸素嚴謹，詼諧眞誠。①

　　中國也曾出現過俳諧詩體，然而在森嚴的律絕面前，充其量也只能當當「花邊」，始終未能成流成派。明代霍山進士吳蘭高曾作過「俳諧詩」三首，其中《楊柳觀音大士像贊》可窺一斑：

　　　一個好奶奶，世間哪裡有？

　　　左邊一只雞，右邊一瓶酒，

　　　只怕蒼蠅來，插上一楊柳。

此詩故意用輕佻的言辭搪突世人尊崇的偶像，頗具挖苦戲弄的味道。

　　查《辭海》，得知俳解釋爲滑稽。（例《北史‧李文博傳》：「侯白好爲詼諧雜說，人多受狎之。」）諧，解釋爲詼諧。（例《文心雕龍‧諧隱》：諧之言皆也——辭淺令俗，皆悅笑也。）含有引人發笑和微諷之意。俳與諧組合起來，應該具備滑稽、諧謔、嘲訕、幽默的意思。

　　古典詩歌的俳諧，據說在風格與手法上往往形成嚴肅和輕佻、神聖與滑稽、高雅與粗鄙相互相錯的強烈反差，從而構成詼諧幽默的特色②。那麼現代詩歌呢？有人考證出聞一多《書桌》是五

四以來的第一首成功的現代俳諧詩作。可惜的是，長期來新詩人似乎不願過多光顧，或許怕誤入「禁區」，失之輕滑；或許以為嚴肅如神諭般使命，斷斷不可與諧謔為伍；或許更根本的原因是，本民族向來較缺幽默品格，致使俳諧，尚難大規模加入新詩的建設。

　好在抵臺後的紀弦，在挖掘詩歌俳諧性方面，不顧各種堅硬岩層而長驅直入。他的風趣打逗「我的愛情除以三」有口皆碑；他的自嘲「什麼詩人？半野蠻的族類」傳頌一時；他的調侃通達「其實我連月球之旅也不報名參加的，連木星上生三隻乳房的女人亦不再想念她了」充滿了俳諧色彩。憤世嫉俗，嬉笑怒罵，噱頭裡藏譏刺，達觀中見反諷。戲謔的情趣、幽默的自訕，大大影響與啟發了後來人。紀弦在藝術上的貢獻，我以為主要是初拓了這條俳諧之路。早期即便不太成熟，也著實為中國現代詩提供了另一種類型的展開式。隨著時間推移，原先並不顯眼的俳諧，現在正成為詩人得意的「殺手鐧」，因為人們對外部世界的反抗和內心世界的掙扎，經常不再以嚴肅的正劇形式出現，而是不時用荒誕來對抗荒誕，有時則以輕喜劇作出消解。俳諧在本質上應當劃歸幽默範疇。排除少部分「黑色幽默」外，大部分俳諧詩作當屬輕喜劇。這種輕喜劇形式和手法在七八十年代有了長足發展，它往往形成相當完整的情節、細節、懸念，即場面感與過程感，於輕鬆愉悅、充滿笑聲的場景中傳達作者的詩想，它雖然趨向大眾化平民化，但它的構成成分並非單純，至少包含滑稽、戲謔、調侃、微諷、訕笑、幽默等五六種成分。

滑稽

　看有人招手，馬上開了過去／剎車，開門——才察覺／那是一株苗條愛開玩笑的酒杯椰子／躲在覺光寺的水泥柱後

　　　／潑了我車裡外一身樹影／一身冰啤酒的清涼／／他一定
　　　把我的車子／誤認成一只特大號的金龜子／我卻沒有好意
　　　思把他的綠葉／幻想成一張張折疊成匕首形狀的百元大鈔
　　　／開窗跟他握了個枝葉滿手／輕輕拍了那渾圓的屁股：不
　　　打不相識，上車吧，交你這個朋友——《本事・司機夢》

此段猶如馬戲小丑演出。憨傻的動作，童稚的心理，煞有介事的
表情，充滿噱頭與打趣。看到有人招手，迫不及待馳過去，剎車、
開門，不料竟是一株椰子，望風捕影。在預想與實際目標發生巨
大誤差時，本身就潛藏著滑稽的基因。按理可大發一通脾氣，豈
知推己沒「人」，自我消怨，以植物之心諒解對方，一定把我的
車子當成金龜子了。而我也調侃自己，敢情把對方綠葉當成大鈔
票子了，洋溢著多麼可愛可興的孩童心理，最後乾脆再來一次將
錯就錯，將計就計，開窗與椰樹握手，並請上車。有情節有細節，
極富動態的表情（招——開——剎——潑——握——拍），像一
出小品，讀者就在這滑稽的表演中，領略了生活的情趣。

　　諧謔

　　　不是臺灣的／是進口的／不是溫床的／是潑辣的／不是蓋
　　　的／是拆的／不是氣象局的／是大家的／不是沒有來頭的
　　　／是他媽的／不是走路不長眼睛的／是眼睛無珠的／不是
　　　男的／是女的——南方雁《台風》

一般來講，處理重大或較大題材，往往取嚴肅莊重的「表情」，
如自然界的海嘯、地震、火山、風雪、冰霜，不敢隨便掉以輕佻，
以免失之油腔，與題材不符。作者偏偏越出常軌，對大恐怖大禍
害大肆虐的台風，有意避開拳打腳踢式的詛咒，避開大批判，也
乾脆不做形象刻畫，而以高度抽象的知性思維進行戲謔，採用單
一句型「不是……」、「是……」的絕對否定與絕對肯定的交替

方式。節奏輕快果斷，散發著一股酸溜溜的戲弄味道，這種敢於
向「權威」戲謔正是人類對於大自然暴力的蔑視抵抗，非但沒有
削弱嚴肅莊重的主題，反而平添許多興味。

　　沙穗一系列失業詩，也是在諧謔氛圍中把矛盾指向外在世界，
不過他是以更多活生生的感性體驗加濃自我解嘲：

　　　　餓了

　　　　我們啃牆上的詩

　　　　渴了

　　　　我們吃對方的吻

　　　　累了

　　　　累了就睡

解決現實最迫切實際的吃喝問題，竟然是這般最不現實的「畫餅」
式虛幻方式，作者無視現世功利，沉浸於如此巨大的「錯幻」中，
用放達的自我調侃和自我訕戲，宣洩被社會壓抑的心理能量。

嘲諷

　　　　月亮是李白的勛章／玫瑰是Rilke的勛章／我的同時代人
　　　　／有掛著女人三角褲或乳罩的／也有掛著虛無主義之類的
　　　　／／而我，沒得什麼可掛的了／／我就掛它一枚／並不漂
　　　　亮／並不美麗／而且一點也不香艷／一點也不皇皇的／小
　　　　小螺絲釘吧／／──紀弦《零件》

俳諧，必不可少要帶些微諷成分，紀弦不少詩作有著強烈的自嘲、
他嘲色彩。如這首詩嘲諷就有兩種意思，一種通過大詩人反襯自
己低微，第二種通過小市民來訕笑反襯社會。首先李白為月而死，
里爾克為花而亡，兩位先賢光耀在前，紀弦就此對自己埋下自嘲
「伏筆」，再來小市民沉溺於聲色虛無，反觀自身，在沒有可以
炫耀的前提下，比之不是潔身自好，高出一等，何妨掛一枚螺絲。

螺絲對於月亮玫瑰，是粗俗寒傖，自然是一種自訕，而對於乳罩虛無，則有了自許的肯定，與譏刺的暗示。在這裡，自嘲與譏訕交混，鑄成作者的人格與詩格。

幽默

幽默也是構成俳諧的一個重要元素，幽默的成因是價值的錯位。事物的發展與結果都有自身內在邏輯，幽默就是有意歪曲、扭轉其內在邏輯指向，把它引入「歧途」。當結果與正常的預期發生令人料想不到的「誤差」，幽默就產生了。

> 倒不如躺在自己的太空床
>
> 看看雲，做做夢好些
>
> 如果成詩一首，頗有二三佳句
>
> 我就首先向我的貓發表──紀弦《一小杯的快樂》

這是一種單純型的幽默。按公眾價值，詩人作品的發表首先是面對社會，面對高智能的人群，紀弦卻半痴半癲，把貓們當做讀者，不如朗誦給它們聽，在這一價值的錯位倒置中，真正的讀者一邊發出笑聲，一邊領教主人的豁達。

伴隨後現代崛起，俳諧性在詩歌中越發顯得風光。各種打趣、噱頭、戲謔、調侃，各種玩笑、喜劇、鬧劇，包括黑色幽默藍色幽默，紛紛湧入詩裡，這是現代人對生存的一種「無所謂」，一種無奈而又不乏瀟灑的抗爭。任何一種抗爭都是合理的。我們在引入俳諧性時，何妨多加留意，盡可能濾除浮在其表層的某些油滑與輕佻，而深入其裡層多一點刻骨的機警。

【註　釋】

① 參見《詩歌美學辭典》第343頁，四川辭書出版社1989年版。

② 鄔化志：《怪詩趣詩奇詩120種》第170頁，中國婦女出版社1992年版。

二十五　瞬間綻放：情景之間的逆挽

　　臺灣詩壇的巾幗高手，足足超過一個加強排，她們「裝配」齊整，技藝精良，均能獨當一面，各懷絕招。林泠的典雅，蓉子的豐厚，敻虹的感性，很早就給我們留下深刻印象。藍菱對物象的纖細感覺，淡瑩於「太極」的智性把握，方娥真突出的鋪陳賦體，馮青如天河水聲般的小詩，絲毫都不讓鬚眉。而席慕蓉一支七里香，醉倒大陸眾多校園學子，不能不讓人刮目相看，並探究個中原委，及至夏宇等「後現代」崛起，更給婉約的詩苑平添異光奇彩。

　　這群女傑中，引人注目的尚有羅英。當我讀完《雲的捕手》，心中頓生一股詫異：

　　其一，大凡女詩人，少不了要圍繞情愛，做兒女情長的馬拉松跑，以此優勢屢屢致勝，獨有蓉子與羅英寫得較少。特別是羅英處女集，其準星寧可偏離女性所偏愛的戀情靶心，而聚焦於人的生死、存在層面。例如不像男性濃烈到化解不了的悲哀，而是帶著一種淡遠的無奈（《雪球花》等）；不像男性冷酷如鐵的審判，而多少帶著一種寬容的諒解（《死的演出》等）；不像男性徹底的決絕，而露出一種微茫的憬悟（《薔薇花》等）。

　　其二，大凡女性詩人，天生都以情緒為其藝術創作的內驅力。傾訴、告白、獨語、呼喚、歌唱，不管以何種面目呈現，大都出自於情緒的引領推進。而羅英的詩歌生成方式，常常以直覺加潛

意識為其先導，進而引發自由聯想和半自動語言，這就使得女流身上少有的超現實主義精神在她腕底颯颯作響。按羅英自己的說法是：「我覺得寫詩要有夢幻和酒醉的心情。」①一語道破天機，正是憑著這種半意識層面上的心理機制，使羅英詩風在女輩中顯得格外奇幻。

其三，不知是我的妄斷，還是誤讀，我以為羅英的思維方式和語言方式屬於洛夫那一類路子。由於直覺與潛意識的發達，羅英的知覺統合能力大受裨益。其突出的表現是：對各種物象的捕捉，通過較大跨度的知覺變異，於瞬間中得到奇峭的融滙。此點近似洛夫。可惜羅英寫得吝嗇，作品太少。

再回頭看《創世紀》為羅英召開的一次討論會，蕭蕭說羅英詩有一個特點，叫「瞬間綻放」。我對此尤感興趣。「瞬間綻放的先決條件是『情境逆轉』。當讀者逐漸熟悉於甲環境之時，突然逆轉入乙環境，且肯定乙環境為真，詩思即於此時瞬間綻放。」②蕭蕭在這裡說的瞬間綻放的前提是需要一個充分的「鋪墊」情境，讀者沉浸於其間，然後再突然來個轉換，成為另一情境，這時讀者的定勢感受在瞬間中失落了，也就是詩人完成詩思的一個突變。也因此，情境在兩極的對轉（或表現為逆挽，或表現為相對距離）碰撞中，爆出「火花」，造成定勢閱讀中的戲劇效果。這種瞬間綻放在寬泛意義上，可以看成是一種張力結構。

羅英運用此法的頻率非常之高，幾乎俯拾遍是，先看《正中》第二、三段：

　　昨日的
　　盼
　　突被撞毀於
　　時鐘猝發的

　　　密集的聲響

　　　響聲十二

　　　正午

　　　是一朵盛開的菊

將上述詩句拆解，顯然是甲乙兩種情境的交疊——

　　　甲境：焦灼的企盼被鐘聲撞碎

　　　乙境：正午的鐘聲恰是盛開的菊

撞碎的企盼與盛開的菊，構成一種虛實對轉的情境，構成一種張
力場，其間的「突變」與「猝發」表明逆轉的急速，正是這種極
短暫的碰撞才引發能量的大迸發。再看《戰事》：

　　　一朵玫瑰

　　　將淚水

　　　拋洒在

　　　炮聲起伏的浪濤間

　　　死者

　　　將他那盛滿目光的頭盔

　　　拋進血的

　　　池沼

　　　他的眼睛

　　　突然流著野蜂的蜜

　　　流著玫瑰的

　　　芳香

詩人將醜陋的戰事美化，主意象是「玫瑰——死者的眼睛」，由
此構成兩種情境，拆開分解，其邏輯關係如下：

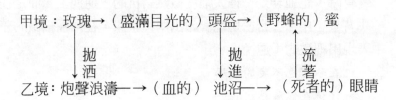

甲境：玫瑰→（盛滿目光的）頭盔→（野蜂的）蜜

乙境：炮聲浪濤——→（血的）池沼——→（死者的）眼睛

　　同理，《舞者》先鋪墊出湖綠色燈光、弧形組曲構成迷離飄蕩的舞池氛圍（甲境），然後是「突然流過來」「蒼蠅的嗡嗡聲」（乙境），後一個情境將前者徹底「轟毀」。

　　《釣者》也是。先給出鵝卵石般的星空，星空般的錚錚水聲，釣者把自己愉悅地剪貼在河的風景上；接著是「飛來一鷹」，將垂釣者的企盼，水芋般栽種起來，使「那垂釣者／落在鷹的瞳仁裡／瞬即溶解／瞬即地／化爲烏有」。生命從欣欣然狀到突如其來的消解，道出羅英對存有的一種詮釋。

　　有時，情境逆挽不是以突然（如上兩例）方式進行，而是適當拉開一定距離，造成兩種比照。如《都市》：

　　　　窗內／銀器般的／女子／在垂懸著舊之玻璃珠的燈管下／
　　　　倒出她／牛奶色的／憂愁／／當她／步下一日復一日／那
　　　段艱澀難懂的階梯／汽車喇叭聲／竟在地獄的彼岸／響起
甲乙兩種情境（窗內、彼岸）在相對距離中，保持一種緊張的對峙，這是一種屬於表面沒有「突變」標記的逆挽。有時，也不是上例這種拉開距離不同對象的比照關係，而是在同一對象運行過程中製造相異情境：

　　　　月光／正流經／我企盼的／牆／遍植／不開花的／仙人掌
月光，一方面是流淌企盼的眼波，另一方面又充當不開花的仙人掌。這是同一種對象同時製造兩種相異情境。

　　有時，也並非是一種大幅度截然對抗的「逆挽」，而是在同一「背景」中，非常密切地疊印出兩種景象，在兩種細微的差異中表現出細微的「逆挽」。

　　在不言也不笑的刹那
　　停棲在你眉梢
　　薔薇色的憂傷
　　是不說話的畫眉鳥
　　而一涼透的
　　淚滴中
　　正懸著
　　薔薇的
　　月亮──《薔薇花》

眉梢停著畫眉鳥，淚滴懸著月亮，其「背景」同是一種薔薇色的憂傷，但還是有差異，前者的情境讓人感到是一種無聲的緘默，而後者倒透露出月光般薄明的希望。表面上看，這兩種情景近乎「疊印」。但在深層上，以一兩個字牽出意義不盡相同的「對轉」，這大概可屬「微型逆挽」。

　　由此可知，羅英的「瞬間綻放」，實質上是一種矛盾情景的瞬間「對轉」。但需要廓清的是，情景之間的「逆轉」，與矛盾意象是有區別的。矛盾意象一般是在較短的語言單位間，由完全對峙、對抗，即互否的意象構成，因此它更富硬度和緊張感。多個矛盾意象構成總體上的矛盾情景，而個別的矛盾意象一般只能產生局部功能。「瞬間綻放」，「情景逆挽」，在本質上可以說是一種矛盾情景，但比矛盾情景的能量似乎更大一些。因為它不一定由相反矛盾構成，有時倒可以由相對、或相似矛盾「取代」，其關鍵是要有突變或轉折，即完成「瞬間綻放」需要兩個前提：

一是甲境與乙境（兩境不一定對立），二是瞬間對轉。而要使「瞬間綻放」綻放出奇異的詩彩，我想還應力求做到：甲境需要有一定分量的鋪墊、烘托，造成某種濃厚的氛圍，爲對轉「蓄勢」。對轉要有突變性，不管是嚴重對峙，或微小差異，都要在刹那中求得能量的最大迸發。

羅英，於瞬間綻放繽紛誘人的光彩，願你在未來的花季裡，永不凋萎。

【註　釋】

① 《與美麗智慧同行——當代女詩人座談會》，見《聯合報》1988年6月1日。

② 《羅英新作三首討論會》紀要，見《創世紀》1981年5月9日。

二十六　抽象：高度淨化、
　　　　純化簡化

　　林亨泰《風景NO.2》是一首極其難解的怪詩，怪就怪在表面上十分簡單。其內容不過是一組防風林與海浪的對立對應景觀，但解碼起來，卻成為頗費心思的迷宮。多年來，人們都把它當做圖像詩的先聲。而我，寧可把它看做經過高度簡化淨化的抽象詩。此詩不但沒有一般現代主義的種種意象繁衍、變幻，更沒有任何修飾成分，反倒把一切旁枝末節刪剪剔除殆盡，只剩兩把禿禿「光杆」：「防風林」與「海浪」。詩思就在這上面，以枯燥的、一字不易的刻板蜿蜒而去，起伏而去，除此之外，豈有它哉。因此，我更樂意把《風景NO.2》視為臺灣抽象詩的前奏。

　　按理，抽象與詩無緣，是詩的大忌。詩需要感性的具象的滋潤，不需要枯瘦乾扁的知性，但是詩發展到現代及進入後現代邊緣，一系列與前此相反的美學觀念藝術法則紛紛「倒戈」，不受歡迎的抽象倒成為推廣的貨色之一。大概是高科技對文明世界大量湧入，再加上藝術本身遵循著「簡化──繁複──再簡化」的內在規律，抽象已成為當今許多藝術家的信條之一。特別在繪畫界，世界經常被抽象為單純的線條，單一的色塊，甚至抽象到由數字在「暗中操縱」。難怪謝爾頓‧切尼會認為，抽象是最偉大的藝術在三個方面的領會形式之一。他充滿信心地說：「我相信，在藝術與日俱增的抽象意義是人類在精神領域方面當代進展的一個階段。」①荷蘭風格派主將蒙德里安說得更具體：「作為純粹

的精神表現，藝術將以一種淨化的即抽象的美學形式來表現它；藝術必須非自然化，即不需要呈現自然事物的細微末節，而是以抽象的元素建立而成，從而避免個別性和特殊性，獲得人類共通的純粹的精神表現。」②蒙德里安的「構圖」，康定斯基的「用紅強調」，德·勞奈「圓圈的韻律」都是典型的例證。而走得更遠的人，則把世界看做數學模型，甚至將世界簡化爲電腦二進制上的0與1：世界由0與1組成！其實從本質上說，這種抽象簡化構想並非驚人之舉。方位上的東西、南北；時間上的今昔、晨昏；空間上的前後、左右；運動形式的動、靜，乃至各方各面的陰陽、剛柔、升降、沉浮、軟硬、乾濕、明暗、疏密……難道不都是0與1的演繹與變奏？據此觀念，紛繁複雜的現象界完全可以被高度抽象。

　　黑與白，同樣可以看做是0與1的變種，是「抽象」的一種表現形式。從宏觀的宇宙星球，到微觀的中子粒子，從靈魂的蛻變到人格的分裂，一切都可以用黑白來表述。對峙、反抗、互滲、互補、呼應、比照……諸種自然或人際關係都可以在黑白骰子的投擲中找到有力的「詮釋」。林亨泰選擇了這一抽象圖式，以工整嚴密的知性演繹爲基調，上演一幕幕界線分明的「皮影戲」。《非情之歌》，從作品第一號到第五十號，50首詩統統都是「黑白」的對話。黑白是二元對立的統一體，統攝了作者對人生世相的種種理念、觀念、意念，通過簡約的意象予以表達，在這黑白的基本與主要矛盾對抗中，還生發出各種側面，如黑與白的相互交融、相互混淆、相互交換，以及相反相成、相克相生等。爲了更清楚了解作者的意圖，我試圖從《非情之歌》中，抽取其黑白主導意象或題旨指向系列如下，以供參閱。

　　《非情之歌》（作品總50號50首）

有關「黑」「白」指向的抽樣

	白	黑
作品第 1	開始	結束
作品第 2	球體	錐體
作品第 4	漂流	埋沒
作品第 8	誕生　未死	死去　未生
作品第 16	舉頭望明白	低頭思故黑
作品第 17、18	燈（暖）	冷
作品第 22、23	輕　柔　亮	摺迭　參差
		潮濕　破舊
作品第 25、26	回轉　閃爍	罩住　凍結
作品第 28、29	亮　光　滑	不幸　擦破
作品第 36、37	文明　進化	金錢　腐蝕

從抽樣中，不難看到，黑白代表了二元對立的事物，它傳達出世界基本對抗狀態，上述簡約提示即可明了，不再展開。下面，黑白尚有其他形態，再用原詩舉出六種。

「黑白」的互補狀態：白升／踏著黑／甲：「早安！」／乙：「早安！」／／黑升／踏著白／甲：「晚安！」乙：「晚安！」／／白　踏著黑／黑　踏著白　白：「您好！」／黑：「您好！」（《作品第12》）

「黑白」的互溶狀態：旅客／與／旅客／／從歐洲走到非洲／從白色走到黑色／從非洲走到美洲／從黑色走到白色（《作品第27》）5

「黑白」的轉化狀態：春季與戀　白與黑／白竟從鏡框潛入／黑　竟從衣架溜走／／夏季與戀／白與黑／白　竟從電線潛入／黑　竟從後門溜走／／……

「黑白」的混淆狀態：欲睡　但未睡／欲閉但未閉／……白的眼睛／／欲睡　但仍未醒／欲開但仍未開……黑的眼睛（《作品第33》

「黑白」的相輔相成狀態：寫詩並非那麼神秘／只是把白寫得更白／只是把黑寫得更黑（《作品第39》

「黑白」的相克相生狀態：我以白的泥土／塑造／但你卻以黑紗／裝束了／／我以白的溶液／洗濯／但你卻以黑膏／整容了／／……（《作品第46》）

宇宙、世界、人生、存在，統統在林亨泰的黑白膠卷中，以高度簡約、幾近符號的形式顯影。詩人的知性、情感、觀念、理念、意志、領悟，透過這簡單的「0」與「1」，或褒或貶，或揚或抑，或諷或謔，或舉或壓，於表面貌似公允持中的面目予以定格。這組黑白詩，當然還有別於抽象繪畫。抽象繪畫的結果只剩下線條或色塊，剩下唯一的形式；黑白這組詩雖然亦高度純化，但畢竟還保留相當的意象，並運用這些十分省儉、幾不修飾的意象盡可能去浸潤赤裸的知性和背後的理念。雖然不時會感到簡化淨化的世界枯瘦乾燥，但從這一系列小小潔淨的「空筐」中，人們還是能填進不少感受與思緒。

不知何種原因，臺灣詩人對黑白意象特別激賞。無獨有偶，碧果的《靜物》也是黑白的一次大展覽。碧果的語言相當難進入。盡管他的思路基本是知性，但由於他的創作態度一向是對「一切純然的原貌之觸及」，「向一切『本然性』逼進的直感」，故他有意把大量現象高度忽略，抽象爲符號樣的東西，所以用一般超現實、純粹經驗或超驗恐怕都難以完全解釋得通。在眾說紛紜的《靜物》中，他破天荒總共各使用八十個黑白字，創造臺灣詩壇「黑白」最高記錄：（黑的黑的黑的…………第4行起共60個「

黑」字）（白的白的白的…………第8行起共60個「白」字）以
否定之否定的結構方式組成黑白靜物畫，接著用19個「閹割」性
動作對其「靜物」進行分切：

　　　黑的也許就是白的。白的也是被閹割了的白的。

　　　白的也許就是黑的。黑的也是被閹割了的黑白。

　　　被閹割了的

　　　樹被閹割了。房子被閹割了。眼被閹割了。

　　　街被閹割了。手腳被閹割了。雲被閹割了。

　　　花被閹割了。魚被閹割了。門被閹割了。

　　　椅子被閹割了。

　　　哈哈

　　　我偏偏是一只未被閹割的抽屜。

同是靜物的抽屜意象，耐人尋味，讓人馬上聯想起西方現代的人
體抽屜繪畫，人體的各種器官，其性狀功能與抽屜是何其「相似」，
從眼睛、耳朵、嘴唇到腳趾甲，而總體上人的抽屜，豈不意味著
由「開」與「合」共組的，自我存在的封閉系統？現象界的一切，
從自然界的雲、樹，到生物界的魚統統被閹割，唯獨剩下自我心
靈和精神還保存某種獨立的自主性，因而自我的抽屜沒有被異化
是多麼值得慶幸，自我還擁有自由開合的主動性真該謝天謝地了。
在這裡碧果「無意中應用現代繪畫硬邊藝術單純美的視覺空間造
型（他本身也畫現代畫），將一切存在（無論是相抗拒的，相交
錯的）均投入他絕對的自我世界予以簡化，並納入他內在理想的
單純的模式與由他全然主宰的活動的秩序之中」。③這就使得這
類抽象詩，在一定智性邏輯牽引下，以某種有機結構方式（如對
比的、拼貼的、重疊的、幾何狀的）變成趨近於線條與色塊的簡
化物。

　　從根源上說，抽象藝術的信條及手法，是現代人對具體瑣細的世俗生活的一種逃離，是對精神表現一種純粹追求，同時也是對高科技、資訊時代的一種本能反應。無論是出自知性、理念，還是玄思的抽象，都可以是詩人掌握世界的一種方式一種手段。過去被繆斯拒之門外的抽象，開始叩響她的門環了，雖然這種聲音聽起來有些乾枯，生硬，許多人依然很不適應。

　　當然，還必須重申的是，抽象詩寫作是很容易陷於乏味難解的涸轍，容易成為觀念的榨乾，概念的遊戲，理念的堆垛。現代詩人如果沒有對存在深刻的本質把握，如果沒有高度潛在的智性抽取能力，如果沒有幾經思辨知解後的淨化能力，還是不要貿然進入此道。畢竟，詩歌還是宜以豐富、深廣的具象，可觸可摸可聽可聞的感性，以及活脫的靈性，滋潤心靈，打動人心的。

【註　釋】

① 謝爾頓，切尼《抽象和神秘主義》，見《現代藝術和現代主義》第273頁，上海人民美術出版社，1988年版。

② 邵大箴《論抽象派藝術》，《文藝研究》1988年第1期。

③ 《創世紀》第48期，1978年8月。

二十七　斷連：「開關」在詩路中

　　1990年夏季，白萩只身訪問廈門，我與他長談三四小時之久，當涉及到笠詩社時，白萩頗多感慨：大陸不少詩評不知是出於意識形態需要還是深入不夠，總是拿笠的現實本土去壓現代主義，且以他脫離「現代」、「藍星」、「創世紀」為例證。作為笠的創始人之一，他反覆宣稱：他骨子裡並非決絕現代主義，和林亨泰一樣，依然擁戴現代詩。讀完臨走前贈我的選集《風吹才感到樹的存在》，深感白萩依然不減銳意十足的前衛精神。這位十九歲就以《流浪漢》獲第一屆新詩獎的詩人，其最大的思維特點是「一開始就以智慧和思想來寫詩；他用思想來控制語言的運作，幾乎看不出年輕人浪漫抒情，可以說他的詩是很知性的，也可以說是很冷酷的」。①在這種知性與冷抒情互滲並重的心理圖式中，白萩對存在保持高度警覺與批判，他往往取一種高臨飛翔姿態俯視底下，沒有多少頹喪的意緒，也不作什麼高蹈狀，而是鳥瞰式的直透生命內核，顯示自我的堅挺與孤獨。白萩相應的語言，則有一種質樸的、洗盡鉛華的精簡，「好像不摻水的顏色料，直接就塗在畫布上」，②從而更凸現對象的質感。擅長設計的白萩亦深受超現實的影響，但他沒有那種天馬行空的我行我素，而是以慎重有節制的智性來駕馭。白萩的技巧是多方面的，如戲劇性的矛盾情景、對位法、賦格、變奏間奏、圖像排列、精省簡淡⋯⋯值得一提的是，在《詩廣場》討論會上，白萩夫子自道出他的另一招，名曰「斷連」法，即詩路運行中的斷開與連接。初步歸納，

大約有六種：語勢斷連、語感斷連、語意斷連、連鎖斷連、矛盾斷連。前三種屬內容語境方面，後三種屬運思邏輯方面。

語勢斷連：

> 有時，不經意的睡去似一塊化石
>
> 在死亡，在微弱的星光下，在
>
> 深不可測的黑夜中，死亡
>
> 只是散去的熱度，幾乎不可知覺
>
> 爲目所不能視──《不知覺的死亡》

對死亡的體驗，充滿神秘主義氣氛。爲突出死亡和死亡的神秘，作者不知覺中應用巧妙的語勢切斷。第一句起頭「有時……」作爲一種客觀的陳述，是一種不刺激不顯眼的平淡。緊接第二句，開頭「在死亡」一個猛然的抽象突起，恍若一響警鐘，接著和緩一下，推出背景，「在微弱的星光下」，行尾單獨留下一個「在」字，突然把語意切斷，讓人刹那摸不到頭腦，以爲還要帶來一次沉重如前頭的擊打，閱讀心境一下子被懸置於半空中，可是第三句並沒有像期待中那種緊張度，只是第二句的補充與延續，依然處於大停頓後的一個和緩。第三句的末尾再一個「死亡」，對應第二句開頭的「死亡」，從而形成斷──連──斷──連、重──輕──重──輕的語勢回環效果。只有細細反覆咏吟幾遍，才能感覺出語勢運作過程中，由切斷所產生的重、輕、急、緩、密、疏的效果。

語感斷連

> 望著遠方的雲的一株絲杉
>
> 望著的雲的一株絲杉
>
> 　　　一株絲杉
>
> 　　　　絲杉

在地平線上──《流浪者》

白萩的《流浪者》一詩大獲詩壇盛譽，人們視它爲圖像詩的先範。從圖像的排列效果看，不失爲流浪漢極妙的寫照，而筆者卻偏愛其斷連技法。首先是它呈遞減式語感切斷，從上往下看是絲杉的簡縮，第一句原型，第二句切斷「遠方的」，第三句切斷「遠方的雲的」，第四句切斷「遠方的雲的一株」，這樣念起來，語感從悠長綿連的一句十二字，衰減到只剩最後二字，有一股自動下滑的味道，顯出漸短的自如，兼雜以急迫。到第三第四句，特別是第四句的兩字，語感簡直變得有點喘不過氣的「氣促」了。在這十分氣促，失去平衡之時，奇妙的是詩人再一次切斷，推出一句平穩拖長的「在地平線上」，短促忽然轉變爲悠遠，彷彿是絲杉留下長長的影子，彷彿這影子就是流浪漢在夕照中被拉長的靈魂，而這一句又與第一句構成綿長的回聲般對應，這種自如的半自動語感接連，確實需要細細體味，才能品出其中三昧。

語意斷連

如此驟然

如此深刻夜半突然

醒來　持燈在你的面前

猶之

在眾多女人之前

斷落了褲帶

──《鏡》

《鏡》具有鑒照自我的原型意蘊。詩人在半夜醒來，由於後面有一個「驚人的感覺」，所以在前頭有意埋伏兩個切斷。第一個切斷，在突然與醒來之間，隔著一行，突出突然的驚醒，這是一種語意持續同向度的明處切斷，有意造成較長時間的閱讀停頓。第

二個切斷，是在持燈照鏡與突發的那個駭人聽聞的「脫褲」感覺之間，用「猶之」虛詞單列，給予「過渡」，這種隔行的切斷同樣造成閱讀心理期待，然後再給你一個出其不意、駭世驚俗的「爆炸」，讓你腦袋轟轟然猶處於驚惶之中，這兩處都是明處切斷。還有一種暗處的語意切斷，像《天天是》：

> 天天是新美街天天是／新美街。／頓覺世界如此之小／小
> 至一顆麥粒，／我只是／忙于其上寫茫微的人生／……／
> ／一只鳥飛進天空，即／擁有天空／管它是／一直一直地
> 伸到美洲那一邊

詩人描述自己天天走美街的感受，平淡而渺小的人生。最末突然來個切斷，插入一只鳥飛進天空。表面上看，街的行走與鳥的飛翔是兩個世界的事，不太溝通，但實際上，鳥飛進天空，等於鳥擁有天空，這個經切斷而突入的飛翔意象，是否是對詩人平淡而渺小的「走街」生涯一種反撥，一種引誘？表面上語意斷開，而內裡暗處，語意還是相互關連的。

因果斷連

> 于是你開始失蹤。開始
> 于大黑暗的摸索
> 開始返回那深邃的甬道
> 沐浴天窗散入的光輝──《昔日的》

傳統小說特別講究因果關係，因為因果鏈是構成小說情節的關鍵。現代詩不講究情節，因而也忽視首尾貫穿的因果關係。但由於現代詩高度簡約與跳脫，現代詩人在處置因果關係時，不是故意切斷原因，便是有意切斷結果，使詩顯得更簡省與撲朔迷離。《昔日的》一開始就切斷原因，先推出結果，讓結果──「失蹤」的信息先攝住讀者，然後再引導去尋找原因。有時連原因也給埋藏

起來，讓你在無因無果、或有因無果、或有果無因的八卦陣圖中摸索良久，才理出一點頭緒。

轉折斷連

> 然則春天在欄外不知恥地走著
>
> 為了那些豬，一年一度
>
> 厚顏地從石隙間伸出粉裝的臉
>
> 有你的跳躍在波動的眼裡——《然則》

此詩第一句起頭「然則」是一種突然性轉折，在這之前毫無過渡，讓人無任何思想準備，如此突然性「爆發」，是為製造某種意外警醒效果。直到第二句才開始推出原因，緩解了第一句的緊張度。轉折的切斷常因果斷決絕而充滿力量，特別用於突發性首句，其震撼與擊打效果特別之大。

並置斷連

> 所有的群眾一哄而散了
>
> 　　　　回到床上
>
> 去擁抱有體香的女人
>
> 而銅像猶在堅持他的主義
>
> 對著無人的廣場
>
> 振臂高呼
>
> 只有風
>
> 頑皮地踢著葉子嘻嘻哈哈
>
> 在擦拭那些足迹——《廣場》

現代詩呈現的是人生生存經驗的碎片，而不是完整的長幅生活畫卷。《廣場》實際上是三個蒙太奇畫面的剪輯，也是三個矛盾情景的切斷並置，在相互切斷並置中產生另外的語境。第一個場面是群眾一哄而散，第二個場面銅像振臂高呼，情景並置產生公眾

與權威的矛盾對抗，譏刺權威沒有市場。第三個場面風掃落葉子，與第二個場面再次構成並置的矛盾的隱喻對抗：社會性權威偶像與自然界無知的風，兩者之間的「交流」，反襯出某種被遺棄被奚落的意味。這種相互對峙映襯的並置性，其斷連處留給閱讀巨大的空隙。

不要小看「斷連」，它所產生的跳脫、精省、張力和空隙，使詩路伸縮自如。

更不要小看白萩，他的沉默便是隱藏的驚雷。

【註 釋】

① 白萩《詩廣場》第250頁，（台）光復書局有限公司，1989年版。

② 同上，第287頁。

二十八　意念：也是入詩的
一種方式

　　非馬是笠詩社優秀的中堅，他認為好詩有四個特徵：一是社
會性，二是新，三是象徵性，四是濃縮。早在1979年一篇訪問記
中，他談到好詩的條件就沿續他一貫的詩觀，主張：「對人類有
廣泛的同情心與愛心，是我理想中好詩的首要條件，同時，它不
應該只是寫給一個人看的應酬詩，那種詩寫得再工整，在我看來
也是一種遊戲與浪費。其次，要能化腐朽為神奇，賦日常街頭的
語言以新的意義。還有一個要求，是在適當的時候，給讀者以驚
奇的衝擊。」①非馬在笠社中受到很高評價，他與許達然可謂雙
星高照。林煥章甚至揚言道：「比起洛夫的魔歌詩集來，不知要
高出多少倍。」②在此暫不論列誰人高下，從中倒可以看出同仁
們對他的抬拳。詹冰說非馬的詩有高度的濃縮和長距離飛躍；綿
連說他的詩的特點是有意想不到的突變或轉彎；李敏勇說非馬的
結構安定完整，以最簡單的形態演出嚴肅的主題；郭成義認為非
馬有很好的斷連技巧；李魁賢概括出他是典型正牌的意象主義者。
是的，非馬除思想上切近現實，藝術上也很有特色。觀察深刻，
意象精確突出，用事平實明快簡潔，還有詩句壓縮省減，善於運
用逆反突變手法。多年來，臺灣詩評家對非馬分析得十分到家，
筆者無不激賞。不過在我看來，他們似乎忽略了非馬的思維方式。
竊以為，此種意念入詩的方式，或許是窺探非馬詩路的一個要害
關口。

　　意念，在本質上是屬於理念範疇。理念是經長期積澱的觀念概念的產物，是思辨邏輯的結果。而意念是帶有更多短暫的、偶發的、隨機色彩的理念，是理念未經積澱的、未經確定的「前沿」「邊緣」狀態。由於意念是一種準理念，且往往同感覺、原生印象緊密聯系膠合，因此可以說，意念也是詩誕生的一種「源泉」，或者說，意念與感覺、印象、潛意識、情緒、知覺、智性等心理要素一樣，也是能夠進入詩運作的一種方式。不知為何，非馬這一特點竟被彼岸詩家所淡忘，幾乎無人觸及。

　　非馬容易採取這種入詩方式，我揣測可能有兩點原因：一、嚴密的科技訓練促成他強大的理念思維優勢，知性認知事物的方式促使他把握世界常以意念為先導，而不是以感覺為先導。二、縝密的觀察力和較強的概括力往往使他不願在表象上兜圈子，而是「跳脫於事象外在的控制」，直入底裡，抓住事物的特徵，進行抽取。他的特點是無意對物象作大量細致的感性描述，而是對其某一屬性特徵進行哲思性「演繹」，在正向方位上常有深化之掘進，在反向方位上常挖出與眾不同的新見，且由於構思巧妙，切入角度「狡點」，篇幅短小而有相當的爆破力。隨便抽樣一首《鳥籠》：

　　　　打開／鳥籠的門／讓鳥飛走／／把自由／還給鳥籠

該詩不對鳥及鳥籠作任何具象描寫，僅僅抓住鳥與鳥籠的關係，切入一個巧妙的觀照視角；故意變動對象雙方的位置，從而得出與眾不同的關於自由的「怪」論。

　　仔細分析非馬意念入詩的方式，常見有這樣幾種類型：具象意念、關係意念、逆反意念、觀念意念、突發意念、對應意念。

具象意念

　　具象意念的誕生，常由對象具體生動的感性表象引發主體的

「感觸」，故這種意念帶有很鮮明的形象性。如《骰子之歌》之一、之三：

> 刀下的／一滴／血／骰子磔磔／在盤裡／轉／嗜血的眼睛
> 們／便一擁而上／搶個／精／光
> 和尚頭上／三顆／點歪了／的戒疤／／你教他／如何／清
> 靜／得起來。

顯然這首詩的構成首先是由六點骰子圖像產生意念，由「點」的形象喚起詩人心中的「詩想」，意念就在生動的表象上順隨其鮮明特徵而自如展示。具象意念的成功就在於具象與意念獲得水乳交融的統一。

關係意念

> 起泡的／腳／扭曲著／向鞋子／覓求／妥協／／
> 知道腳／歷史感深重／想留下痕迹／沙／在茫茫大漠上／
> 等它／／
> 無聊的／腳／在地上／重重一頓／便滿天翅膀／東南西北
> ／亂飛

這只是《腳》中的一、四、五三段。其實全詩是寫腳與其他事物的七種關係：(1)腳與鞋，(2)腳與手，(3)腳與腳，(4)腳與沙，(5)腳與鳥，(6)腳與歷史，(7)腳與轉。這種關係意念的入詩方式，一般是先把焦點對主意象（如腳），然後再由主導意象引發與之關聯密切的各種子意象，即尋找物象之間的內外在聯繫，牽一發而動全身，發散式完成組詩構想。

逆反意念

> 霓虹的手／在黑夜的天空／珠光寶氣地撫著／越脹越便便
> 的大腹／／走在打著飽嗝的／臺北街頭／我卻經常／饑腸
> ／轆轆——《宵夜》

由街頭飽脹的意想轉而爲饑腸轆轆的感受，這顯然在意向上作了180度的逆反轉折，這種方式非馬運用得十分嫻熟。霓虹燈撫摸著打飽嗝的街頭，主體詩人的聯想則朝相反的方向延伸，這種瞬間的相反聯想往往構成逆反意念，而意念的忽然逆轉往往產生很強的爆發力，非馬詩歌的爆發力不少源於此。

觀念意念

> 見首不見尾的／龍／我想我永遠不會知道／你是禽是獸是
> 神是人／／或者你只不過是／一個美麗的神話／但傳説在
> 東方／一個美麗的島上／你／留下了不少／傳人——《龍》

觀念入詩往往是根據對象屬性或某種特徵所給定的概念、結論，進行詩的「回爐」處理，努力於其間尋找深化的突破口或試圖引出另一層意思。非馬一些動物詩諸如《牛》、《羊》、《狗》、《馬》，常常無視其外在感性特徵，而直接抽取其內裡本質進行揮發性提升。處理巧妙，可望獲得哲思性品位；如若寫多了，往往有理念過多之嫌。

突發意念

《島上》一共十節，各節基本互不關係，忽兒陽光，忽兒討價還價，忽兒鬥雞，忽兒團圓，忽兒交通，各種想法、各種念頭，拌攪各種世相，下面錄下四、五、六三小節。

> 看另一對公雞／在爛泥坑裡追啄／／只爲爭／誰最，紳士
> 停電的中秋夜／人們才突然想起／月亮的存在／／這麼暗
> ／誰曉得蓮蓉裡有沒有蛋黃
> 腳在追逐車輪／車輪在追逐腳／只知道／零路車仍兜著它
> 的圈子走，而搭客卻都變了模樣

突發意念，如以單個或少數形式出現，則形成印象詩、意念詩；如大面積湧現，則往往形成詩的意識流。當然，這種隨機性偶然

性很強的突發意念主要來自潛意識。適度展現突發意念,無疑是對人的潛意識真性的成功開發。

對應意念

> 賣藝的猴子／學人的動作／伸手向人／要銅板／／賣藝的
> 人／學猴的動作／伸手向猴子／要銅板——《猴子》

自然與社會、人與動物是兩大對應系統,詩的對象化工作往往就在這兩大系統中進行轉換,無怪乎,象徵主義要提出尋找客觀對應物。這首詩的生成,明顯是出自猴——人、人——猴的對應感觸而發動的,在對應撞碰中往往溢出另一層深深的底蘊。所以,對應意念,充當了抵達象徵境界的「入口處」。

意念,在現代詩人心理圖式中,雖然比不上潛意識、情緒、感覺、想象、悟性來得重要,但仍是一個不容忽視的因素。意念既可以充當詩的觸媒,又可以完成詩的引爆。意念與感覺有機聯合,物象更具質感;意念與想象聯想結合,意念更具騰越揮發的性質;意念與情緒合流,則詩情詩思更富跳脫與力度;意念與思辨挽手,容易走向哲理的方位;而意念與智性合謀,可能產生悟性的升華。

非馬成功地走出一條意念入詩的路子,不過恕我直言,少數詩有理念之嫌。雖然他斬斷明顯的思辨過程,還是免不了過濃的觀念色彩。依我陋見,走這類思維路子,最好的方法是做到意念的感覺化,或感覺的意念化,而盡量避免觀念的意念化。遠在芝加哥核反應堆旁,深諳各種中子粒子變幻反應之妙的非馬,不知以為然否?

【註　釋】

① 　《笠詩刊》,1979年,總第89期。
② 　《笠詩刊》,1983年,總第118期。

二十九　簡縮：「簡爲文章盡境」

李魁賢評論許達然說，他特別講究語言的張力，其中一法是「將語言做極度壓縮，刪除了許多不必要的虛詞、連接詞、副詞，造成接近過飽和狀態」。①用我的話講，這飽和狀態就是指許達然善於用最經濟的語言表達最大容量的內涵，或者說，在最簡短的語言途徑中傳達最大的信息量。這種方法，我姑且稱之爲簡縮，即高度簡約又高度濃縮。具體說，他往往採用許多巧妙的斷連、切割、跳脫，造成巨大空白（這一點不讓白萩），採取「相關語，同音異形，同字異義，以及延伸的隱喻達成豐富的意象」，②造成語言壓縮後的巨大反彈。

下面擬拆解許達然兩篇代表作《蕭條》、《違章建築》，從他古怪的造句法中可見一種簡勁瘦硬的風格，其所採用的手段不管如何刻意，我嘗試把它卸解爲「八法」。

先看《蕭條》：

空

前

繁榮的物價裡油條更瘦？

嫌胖碗乾閑，硬灌湯

土豆　都吃了

還想榨油

炒什麼？

絕後

擠不進介紹所

賣血途中風濕的痛罵日頭

連景都氣新聞又白印

黑字：失業率跳高薪水跌倒

窮

追

踏碎伸出頭來的蝸牛

罪過：忘了弱小的也要活

他媽的奶都吸盡了嬰還哭

要吃

搖啊搖

此詩是對臺灣社會的「搖鏡頭」，卻沒有連續詳切的場景和人物，只作斷片切片式「羅列」，於跳躍的斷裂中，施以入骨的鞭笞。請注意，詩人為「榨取」最大容量，至少採用五種簡縮方法：

⑴**跨行跳接。**

　　把空前繁榮四個字斷然切斷，分為三個跨句。真是空前絕後！特別有意思的是把「空」與「前」不能分離的單詞攔腰劈成跨行，使「空」金雞獨立於句首，暗寓空空烏有的含義，為下面的展開做了墊底，且與題目緊密呼應。這種切斷造成的跨句空白，節省了許多文字。第三段「窮追」兩字故伎重演，再次把單詞切斷為跨句，同樣獲得突兀警醒的效果。

　　⑵**同音異義。**

　　第一段第五行：土豆都吃掉了，還想榨油，意即生吃都不夠還想吃好的，也就是：連油都沒有啦，哪來炒的？請注意「炒」與「吵」剛好諧音，因此炒什麼的疑問巧妙變成「吵什麼」的叱責聲，這種同音異義極為經濟地襯出拮据中的家庭衝突，此乃一

箭雙雕也。

(3)**句讀（dou）。**

第四段可以讀出兩種不同意義，只要讀時停頓地方（句讀）不一樣，便可以產生歧義。

　　第一種讀法：他媽的奶　　都吸盡了嬰還哭。

　　第二種讀法：他媽的　　奶都吸盡了嬰還哭。

第一種「他媽的奶」可以理解成：「他媽媽的奶」，這樣此句就是一種不介入主觀情緒的陳述句，是心平氣和的第三者全能敘述語調。第二種「他媽的」斷在「奶」之前，只差一個字，意味全變，變成一種主觀情感介入的「國罵」。由於存在兩種句讀，也就存在兩種意思相反的歧義，在該詩相同語境中竟然奇迹般成立。這樣，此句詩無須增加任何文字，容量卻至少翻了一倍。

(4)**擴緊。**

　　第二段第四行開頭兩字原意是「景氣」，結果被作者擴張變爲「連景都氣」，很有余光中「望字生文」的勇氣；緊接著又把新聞白紙印刷黑體字收縮爲「白印黑字」，在這麼小段的語言途徑中，如此大膽連續地擴張收縮語言，實乃罕見！

(5)**彈性。**

　　此詩最後一句「搖啊搖」，雖然句式極短卻充滿彈性。所謂彈性是指內涵或外延大大超過它的原意。「搖」在此詩語境中原意是對哭泣中嬰兒的「哄搖」，但由於詩意的延伸所帶來的結果，「搖」字搖身一變，至少多出三種外延：①可能是詩人對蕭條饑餓現狀的搖頭嘆息；②可能是詩人因蕭條饑餓引起晃蕩站立不穩的感覺；③可能是對整個社會動蕩不安的前景預告。這種只憑單個字本身，卻能在特定語境中，產生至少三種延伸意義而獲取彈性，的確鮮見。

再看《違章建築》：

窮擠

不出都市的憂鬱

也有門把蛙聲分開

一片自己聽

另一片警探踩

福字倒紅大

光明裡黃昏

就是無影

就這麼一個家了

居然不必賄賂

蚊蟲就稅捐處吸

居然把瘦肉當花粉

蜂官樣咬

當破睜著眼

看風瞎冲進來拆

法律說要公平

給路給樹給鳥

啄　觀光成風景

《違章建築》鞭撻的對象與《蕭條》如出一轍，風格亦相同，其簡縮手法似可再添列三種：

(6)**省略**。

窮擠

不出都市的憂鬱

復原第一句為散文句式就變成「窮擠，也擠不出都市的憂鬱」，該句省略了兩個字。在這裡，實際上也就劃分了詩與散文的界線，

經過這樣節省，文字就顯得格外乾淨利落，充滿詩意的跳脫與文字潛在的活性。如果進一步細敲，「窮」字還不止充當形容詞用——以示拼命、費力、全力以赴、窮盡一切辦法。似乎還帶著動名詞色彩——窮苦——窮苦的城市貧民「窮拼」。這樣的節省既經濟又有實效，事半功倍。

(7)刪除。

　　當破睜著眼

　　看風瞎沖進來拆

這裡的「破」字後面肯定刪去不是窗便是牆之類的主語，最出奇的莫過於教動詞「破」充當主語，實際上是指破窗破牆之類睜著眼（擬人化）。除了刪減還不夠，接下去又來了個「主客顛倒」，把責任推給「瞎風」（又是擬人化，暗地裡刪去了一個眼），造成不是由於破窗破牆風才進來、而是風瞎了眼到處亂鑽的倒置效果。此外聯繫後面的「拆」字，風還隱喻著拆除違章建築的人員或警察，此種重量級刪減後，再繼之以顛倒，表明詩人對語言的駕馭已達到輕車熟路的地步。

(8)壓縮。

　　　蚊蟲就稅捐處吸／居然把瘦肉當花粉／蜂官樣咬

將第一句還原就是「稅捐處像蚊蟲般吮吸」（敲榨）。詩人把主語與狀語互換易位，顯出語法的高度靈巧與違章。第三句也是，把貪官污吏比作蜂咬，不過由於前一句已有同類比喻的定勢，所以第二個比喻則更經濟：保留最少的關聯詞，又削減狀語成分，使第二個比喻濃縮成僅剩四個字「蜂官樣咬」，兩個比喻共組的互喻手法，在極爲壓縮的語境中，釋放出高倍的能量。

　　寫到這裡，不禁聯想起許達然另一名作《西門町之夜》：

　　　踢不出吵鬧／離不開武昌開封漢口／街的腳步／踏出杭州

　　　　小吃後／已晚了還未回／……

同樣也簡縮得十分巧妙。第三句把漢口街斷開，變成街的腳步，
實則是老兵腳步的替代。第四句省掉小吃店的「店」，變成踏出
杭州小吃，更爲洗練。許先生用字可眞慳吝！

　　清代文論家劉大櫆說：「凡文筆老則簡，意眞則簡，辭切則
簡，理當則簡，味淡則簡，氣蘊則簡，品貴則簡，神遠而含藏不
盡則簡，故簡爲文章盡境。」③簡，非簡單簡陋粗疏之同義語。
簡是簡約中藏深蘊，簡淡中溢遠神，簡縮中含大容量。許達然充
分利用跨行、同音異義、句讀、跳接、彈性、省略、濃縮，在有
限的容器中裝載盡可能多的負荷，可謂深得簡之三昧，而至「盡
境」矣。

【註　釋】

①② 　李魁賢《臺灣詩人作品論》第142頁，（台）名流出版社1987年
　　版。

③ 　劉大櫆《論文偶記》，見《中國古代寫作理論》第331頁，華中工
　　學院出版社1982年版。

三十　即物：貼近‧物化‧客觀‧還原

　　高揚本土鄉土大纛，遵奉新即物主義線路，笠詩社幾乎集結清一色的臺灣省籍詩人。總體精神的寫實，風格的質樸，語言的朗健，確乎與他們所推崇的即物性大有關係。可惜有點遺憾和納悶，我在讀完笠25年詩論總選集《臺灣精神的崛起》──長達500多頁，竟找不到這一重大原則的論述。倒是大陸幾位有心的學者做了詳細闡明：新即物主義（一般譯為寫實派），原為本世紀 20年代以德國為中心的西方美術流派，其特點為：「注目於社會現實，廣泛而深刻地揭示資本主義各種醜惡現象。但它並不滿足於客觀事物的摹寫，而是注重展現人的靈魂，常以簡略而誇張的筆觸突出事物的基本特徵，表現『力』和『激情』。」這與表現主義有近似之處，用即物觀點寫詩，即意味著只抓住現實事物的部分屬性，用於發展自己的詩想，表現內心感受，角色原有的性格往往被變造，其保留自然形象的比例降低，而作者塑造物象生命的成分卻增加了。

　　回頭再看看彼岸，笠的中生代詩人兼評論家李魁賢在為一部百科大典寫辭目時是這樣解釋新即物主義的：「著重寫實意義，排斥不著邊際和逃離時代的自虐及自戀，批判社會上一些偏差，但以知性的分析而不作濫情的申訴和詰難。新即物主義採取明晰的語言，準確地傳達作者的意念，表達手法上求純樸自然。」②

　　而同是笠詩社另一位新生代詩人陳鳴森則這樣認為：「即物

性也就是在精神作業上，一種先將對象予以無限放大至一等值於人生的存在，然後以客觀的方法檢視和分析其陰霾之所在，乘虛而入，等對象包含了『我』之後，再將之給予藝術性還原的表現手法。」又說「一切屬於存在的自然物，在其終極處卻都是相連接的，且互相關連，即物性的表現，因為所選擇的對象，乃最凡庸的事物，在這放大、契入以及還元的過程裡，將現出驚愕、戲劇性嘲弄和機智之趣味。而在一首詩的『情感歷史』裡，詩的原型，將在詩人經驗的內部作漫天方向的漂流，此時詩人遂陷入——被置放在與任何日常性關聯被切斷——的孤獨裡，等到這漂流的詩的原型獲得了別的連續而進放閃光的那一瞬間，詩人乃發現其自我之真實和存在的真貌。」③

　　三家權威說法，各抓住自己認為最重要的特點，讀者當從中獲得自己的體認，筆者不妨也來個「狗尾續貂」，從創作過程出發，試對「即物」作一次分解。畫虎反犬處，還望方家明鑒。所謂即物，首先是對對象緊逼貼近，持有一種近距離觀照的寫實態度，這種「貼身近逼」的好處是一下子抓住事物屬性，深入其裡，進而變造對象。逼近之後，主體詩人可以採取局部或整體轉換為對象角色，而在表現角色時不施以主觀濫情，盡量以知性的客觀調性處理。最後，還可以再把角色「還原」，還原的目的是為彰顯「自我的真實與實在的真貌」，以達到「格物致知」，「即物窮理」。即物過程的這四個環節，即環環相扣又渾然一體，為說明方便，靜態地將其環節獨立，並以笠的重要詩人鄭炯明作品為例。

貼近

　　貼近有二重含義，從大的方面著眼，意味著對社會現實的直接反映。大凡人間疾苦，衣食住行，都是詩人凝注焦點，從社會

矛盾陰暗到小人物悲慘命運，都直接維繫牽引詩人的筆心詩心，
貼近就是以詩人悲天憫人的情懷去靠攏、逼視社會現實，進而再
作出藝術的概括提煉，它往往具有強烈的寫實性、平民性、批判
性。重要的是它的立足點，觀照視覺。從小的方面方法論講，它
意味著對對象特徵屬性的楔入，抓住對象變形改造的可能性。哪
怕是一件破襯衫，一經詩人的貼近觀照，也顯得意義非同尋常。
這是鄭氏筆下社會底層的窮酸相：

> 穿著破舊的襯衫四處游蕩／穿著不可測的命運／常常脫下
> 來補

詩人抓住破衣服特徵，順利地將其「放大」爲穿著不可測的命運，
接著迅速急轉，來一個細節「把它掛在肩上／裝出很神氣的樣子」，
很有現實的臨場感。在結尾，更以這種破襯衫的身份發洩對現實
的不滿和揶揄：

> 踏進擁擠的公共廁所
>
> 我以沉思和寂寞打發無聊的小便

繼續以一個粗俗的細節「小便」，與沉思、寂寞組成詩人的「詩
想」。現實、平民意識、批判，三者交織在一起，由小小破舊的
衣衫指涉了大大的社會。細小事物的特徵一經詩人抓準放大或變
形，常常超過一般摹寫再現的力量，普通人事通過詩人內在心象
的作用，構成「詩性現實」，這就是即物性首先要求的功能。

物化

　　貼近直逼對象後，有時即物性就表現出一種物化，就是將主
體情思轉化成爲對象，與對象合二而一；有時當然可以不用物化，
仍舊與對象保持一段距離。

> 烈日下的石灰窟是燃燒的／它深邃的底部／鐵銅色的皮膚，
> 因熱而哭泣／哭泣這愛恨分不清的年代／我們的幸福已然

> 腐朽／已然成爲焦爛一片／／沒有選擇存在的權利／我們
> 像一群饑餓的石灰石在等待燃燒／我們已明白／這個世界
> ／唯有燃燒才能令我們忘記一切／忘記戰爭、忘記死亡／
> 忘記抹不掉的歷史辛酸／／／于是我們默默地燃燒／默默
> 地成爲灰燼——《石灰窟》

主體情思投射到客體石灰窟，物化成饑餓的石灰石，等待燃燒。
物化是詩歌常用的手法之一，它打破人與物的界域，使人與物相
互轉化，非常方便地建立起藝術的假定性世界。它一般有兩種類
型：以人化物，以物化物。此例是以人化物，下例是以物化物。

> 把謊言編成一頂帽子／載在頭上／四處去炫耀／／迫不急
> 待／向過路人說：看啊，朋友／這就是我的帽子／我美麗
> 的帽子

謊言「物化」成帽子，表面上是無形物化爲有形物。實際上，謊
言總是由人說出的，謊言代表人，人的品格，因此在實質上，它
還是以人化物，只不過拐了一點彎子：謊言（人）→帽子。在鄭
炯明作品中，多處出現的是人的物化。如人物化爲《熨斗》，人
物化爲《番薯》，人物化爲《鼓》，等等。

客觀

　　不管貼近也好，物化也好，即物性要求詩人反映對象要採取
冷靜客觀方式，即盡量削減濃烈的主觀成分，而代之以客觀、平
淡的陳述語調。

> 那個藝人，滿身大汗的在熱鬧的廣場上／表演他的絕技／
> ／他靜靜地立在那兒／突然，像隨風飄起的一片羽毛／停
> 留在撐著地面／成爲倒立的姿勢／看著周圍驚訝的人群／
> ／我以爲他是用另一種角度／來了解這世界，然而／他的
> 伙伴卻說：／他只想試試力量／能否舉起地球罷了——《

誤會》

全詩通過藝人倒立表演，兩種觀看態度「引出」兩種誤會。第一、二段，用第三者全知的視覺客觀地描寫藝人演姿，第三段前半部同樣用局外人冷靜語調評論藝人（我以爲），而結尾用第三者（他的同伴）的平淡語作出呼應解釋。全詩從頭至尾，處在一種不動聲色的「冷抒情」氛圍裡，在平白的不加任何褒貶的直述型語感中，讓讀者靜靜體味究竟誤會了什麼。全部語調語感都是淡淡的，而答案則懸在半空，在充滿中性客觀化的敘述中，留下冷凝的哲思。

《涼爽的雨後》也是一種典型的客觀敘述調性：

> 涼爽的雨後／蝸牛悄悄探頭出來／窺伺外面的風景／瘦長的頸暴露在醜陋的現實裡／／蝸牛不住地戰慄／不住地用雷達一樣的觸角／向陌生的林野再三搜索／而卻什麼也沒有發現／只聽遠處有悠揚的鐘聲晚禱。

主觀抒發與客觀陳述各有各的長處，前者常以強烈的情思快速震撼感動人心，而後者貌似淡而無味的調子，卻別有一番「浸透」，在非強制指定性的空隙中，或許更有咀嚼的餘地。

還原

在用客觀調性對對象進行「即物」後——有時還需要做適當的還原「倒回」。這樣做，有利於詩質趨於透明，也使得主題更趨明朗。例如作者在對「蟬」做出陳述性評判「爲了證實自己的存在必需拼命歌唱」後，即站在一方冷眼相看，雖然把「我」也「加入」進去，但這種加入本身沒有變爲蟬，所以不是物化，而只是站在他處的一種情感認同而已。這，可以看做是「我」於蟬在物化之外的一種「等價」，也可以看做蟬對「我」的一種變相替身「還原」。此種「還原」在結局上乾脆撕下「面罩」，赤裸

裸推出各自的身份，使還原更加明確。

> 讓我們共同爲這個可悲的事實
>
> 互相擁抱與哭泣吧
>
> 在你還能鳴叫之前

蟬最終明確「還原」我，我「還原」蟬，特別是「你」的明確插入，一方面強化雙方身份界域，另一方面保留的「我們」又突出雙方的共性，使得作者要傳達的意思十分明朗，讀者在閱讀中也能迅速認同。

除鄭炯明外，笠詩社的即物寫實高手實在舉不勝舉。如桓夫《雨中行》，先以蜘蛛絲物化雨絲，再以蜘蛛翻滾表現反抗姿態，構成一幅抗爭的「詩性現實」；如李敏勇《暗房》系列，從捕捉現實顯象到深入現實隱象，充滿了表現主義色彩，其《焦土之花》的木刻味就明顯來自新即物主義畫派的營養。還有詹冰詩作總體上的繪畫性、裝飾性，李魁賢的堅實平易，趙天儀內外象的融合平衡，都標示著即物性的廣泛影響與運用。

倘若說，《創世紀》的廣義超現實主義爲中國新詩提供了某種方式，那麼《笠》之貢獻在方法上當推新即物。盡管兩種方式頗爲對立，但是在藝術海圖上，往往存在著互相對立、卻難以互相取代的近似平行的航線。

【註　釋】

① 黃重添、徐學、朱雙一《臺灣新文學概觀》下冊，第141頁，鷺江出版社1990年版。

② 李魁賢《新浪漫主義到新即物主義》，見《光復彩色百科大典》第10卷第198頁。

③ 陳鴻森《鄭炯明論》，見《笠》詩刊，1973年總第54期。

三十一　俚俗：俚中見深，　俗中出奇

　　據說，「晦澀」的潮流泛濫了十年之久，直至1964年《笠》等詩社創立，才以「本土」的長堤，遏止其蔓延之勢，遂逐漸回歸於明朗。姑且不論此間種種複雜爭端，笠詩社等推行朗健詩風倒是有口皆碑的事實。鄉土詩迄今未衰，鄉土詩所擁的審美價值理應在詩壇占一席位。濃郁的生活氣息，淳厚的人情，親切的風俗畫，樸素夯實的語言，白描記敘的即物寫法，伴隨著諧趣、譏刺、微諷，著實給艱澀的詩界注入一記清醒劑。俚俗，在鄉土詩中充當了一個極為重要的角色，即便這角色人們耳熟能詳，還是有必要闢出專講再作一番強調。

　　俚俗的第一個要素就是要表現大家熟悉的凡夫俗子的生活，那種最基本最現實的普通人生活環境和相互的生存關係。它自然「省略」個我內心世界靈魂深層的積澱物，不屑於所謂奧妙渺遠的宇宙意識、全球意識，而以直接白描的情感手段面對眾人所熟悉的粗糙瑣碎的生活原型。吳晟在這方面一直耕耘不息：「水溝你是我的洗澡間／香蕉園是我的便所／竹蔭下，是我午睡的眠床」（《泥土》）；「不用漂亮的手帕／捏著鼻子，迅速走／鄉下長大的孩子／喜歡堆肥熱騰騰的氣味」（《愛戀》）：「一小鍋稀飯，和您親手做的幾樣腌菜／烈日下，寒風中／坐在雜草圍繞的田埂上／母親啊，那便是您，每日每日勞累後的野餐」（《野餐》）。生活本身充滿大量俚俗瑣事，俚俗的詩，自然蒸騰著濃郁的生活

原味：田疇、竹籬，炊烟，狗吠，很容易成為作者樂此不疲的對象。問題是，這些景象，只能作為表面「道具」，要通過這些道具寫出鄉土生活更深的情感內蘊。吳晟大量鄉土詩不乏濃郁的生活氣息和親切的人情味，但有時過於純實直露，超量的水分在沒有摔乾之際往往為散文化垢病。

俚俗除了重視開發生活的原態，常以白描的情感手段予以直接摹寫，還十分注意口語意。平淡樸質的口語並非淺白的標志，高明的作者就是在淺顯的語言中表達並非淺顯的感受。

> 最小的都麼大了／好福氣／／星期天福氣都走了／獨留／
> 天井裡的洗衣聲／和媽／一個人／／母親節／孩子們送媽
> 一台洗衣機／天井裡的洗衣聲／依舊不斷／／飯桌上／又
> 是媽／與涼了多時的菜／媽上教堂了——南方雁《母親》

通篇俚俗語，句型短促，語意直截了當，增加了口語化濃度。洗衣機，飯桌，菜，粗看十分平淡，沒有什麼深意，恰恰在生活之流的正常運行和人物之間的微妙關係中，展示詩人深藏心底的「嘆息」。第一段，親戚誇母親福氣，筆頭一轉，夫妻馬上走了，引出下面一大段美妙的「獨留」與「等待」結局，頗有反諷之意。母親節母親不用孩子送的洗衣機，是一個巨大的諷刺，原來為消遣，母親依舊自己洗衣服。接著飯桌上又來一次「失落」，獨守多時，母親等待落空，只好悻悻上教堂，尋找自己的精神安慰。淺白短促的口語語氣，簡潔明了的文字，有板有眼斷開合度的停頓，道出了並非淺白的現代社會「代溝」。

為使俚俗更具通俗化平民化，一些作者還自覺採用「民族唱法」，利用流行唱本、歌謠，兼之大量頂真、複沓、回環水法，使民歌民謠的韻味重新回到現代人的情感世界中來。

> 走在遍是大頭菜，虎皮楠的山上／嚙著疏疏的嫩草／安安

和我，愛著遠處的海／都都的坐著是一種過癮／／走在黃槿，露莵樹的海邊／嚙著焦岩上的白水草／安安依樹任風撩她髮，藍藍的海呀／細細的望著是一種過癮／／走過竹籬編成的籬，吱吱啞啞的耳語忐忑的心／安安和我笑著，默默目送伊的背影／輕柔的踏步呀／亦是一種過癮。──

無忌《兩隻羊》

將我與情人通通變成可愛純潔的小羊，多次疊聲字造成柔美悅耳的聲調，節奏舒緩輕快活潑，又最適合初戀的心境，眾多植物名稱渲染一種大自然的浪漫氣氛，與聲調、語調相映彌彰，特別是每段結尾「過癮」重複，把生活氣息口語化，青年人略帶放縱而又不無瀟洒的神態生動顯露出來，很有一種現代民謠的韻致。

　　表面上看，俚俗與粗拙比鄰而居，但施以提煉剪裁等功夫，可以避免易犯的「三平」：平實、平淡、平露，且做到粗而不濫，拙而生趣。

一條街／在排瀉廢物／陽光照不進去的／一條爛腸／／……／／祖師廟／越來越繁華／窰子／越來越多／而且都掛了招牌／／一條街還是／一條爛腸／不通就是不通／你有什麼辦法／／是的／毫無辦法，貴陽街／二段尾／婊子很多／都蹲在那個肛口──林煥章《貴陽街二段》

把一對骯髒破敗的貴陽街，比做一條爛腸子，堆積著排瀉物「婊子」及露出肛口，很是粗俗。其實，設喻得十分精巧，那些汽車如糞塊塞滿便秘的腸道，那些妓女蹲在街頭如在肛口，恰似流沙河先生所言：「惡趣逼人，慘不忍睹。」這裡的寫醜，不像大陸某些第三代使用極為粗鄙乃至下流語，而是在簡樸、稀釋展開中，運用類比聯想，把「腸──街」始終有機地乖巧組合起來，在粗拙中製造了奇趣。

　　俚俗要表現出不俗之處，還有一個重要方法是運用「乖巧」
至少能使白開水變成礦泉水。請看白靈的《及時雨》：

> 滿江的濃墨自兩萬英尺的高空／瀉下，瀉——下／下到山
> 頂丘陵盆地以及我家窗前都是／烏雲洶湧／一似踢起烟塵
> 萬丈／奔騰在宣紙下端的／萬匹墨馬／遲遲不肯下凡／／
> 新店溪的血壓正低／水龍頭們在我洗滌的當頭忽然／氣喘，
> 太太守候門外的消防車在旁叫著／水呀水呀／而昨天還在
> 山上的青潭直瀉翡翠谷／今天都坐在報紙上飛進屋來／／
> 一道金鞭猛地抽了我眼睛一下／窗外千里之遠的馬蹄雷動
> ／瞬間便殺到我的浴室的窗前／為首的一匹，定睛看去／
> 哎呀！好個宋江

此詩寫乾旱遇雨的情景，整個構思在一個「雨」字。第一節用多
種設喻：江水——濃墨，天空——宣紙，烏雲——墨馬，閃電—
—金鞭，很見出謀篇布局的周全精巧。其乖巧更表現在如下三點：
一是水龍頭突然喘息，太太驚叫消防車，充滿生活的戲劇性。其
二，結尾化用典故，不講大雨到，而說為首騎馬，物與人換喻，
巧在出人意外，又在情理之中。第三最後一句，哎呀宋江，與題
目《及時雨》遙相呼應，如同在充分「哏捧」的基礎上「甩包袱」
一樣，甩出讀者的恍然大悟，可謂風趣到位。這種乖巧，不是詩
中個別偶然的字句，而是始終貫穿首尾，深入骨骼肌理，比起個
別局部，猶勝一籌。

　　80年代初期，大陸曾出現一股「生活流」，它以調侃宣洩的
調性、暢朗諧趣的言辭傾訴生活的情懷，俚俗味很是這股詩流的
一大特色。早期的柯平、伊甸、曹劍曾是領頭羊。有人稱之為偽
現實主義，筆者以為，未免過火。它的世俗情趣，是通俗文化「
生活流」詩所必須配備的、無可卸掉的品格。與此並列的鄉土詩

流，亦蓬勃發展。不過，大陸新時期的鄉土詩也不同於早期的「土」與「俗」，發生了許多變化。如姚振涵的「平原」系列，告別了純粹風土，摻入大量「新感覺」；谷未黃的「鄉村」，在煽情基礎上，溶入不少乖巧機警；而莽漢主義則大大變異俚俗，加進相當數量的粗鄙、審醜成分。俚俗的內涵和外延在不斷擴大，詩人們是不會滿足於通俗、大眾、口語、生活氣息，滿足土語方言點綴，滿足押韻、節奏、樂感，而是更多注意有機地運用巧思，溶入更多諧趣、乖巧、拙稚、幽默等色素，使之變得更爲飽滿豐富。

　　俚俗，不一定就是低品位，關鍵是要做到：俚中見深，俗中出奇！

三十二　氛圍：新古典主義
的「看家本領」

　　在新古典主義潮流中，陳義芝是一朵活躍的浪花。連續推出《落日長烟》、《青衫》、《新婚別》等詩集，很有「抗戰到底」的決心。余光中認爲「陳義芝詩藝的兩大支柱，是鄉土與古典」。①這也是臺島詩壇回歸傳統的重要特徵。不過，陳義芝這代人與余光中們的國愁鄉愁大不一樣，缺乏更深切的感性體驗，也因此，帶著更浪漫而豐富的想象。臺灣的本土意識籠罩著他們童年少年時期，鄉野景觀、地方風味、民俗人情很容易醸成總體上即物主義的寫實風貌。由於認同本土，順理成章地在文化根子上也就歸依了自己的老祖宗。這樣，中國古典文化精髓便成爲他們抵禦「西化」、滋補自身的首選營養。對古典文化精神的深入表現在多種方面，如觀照對象世界能澡雪胸次，澄懷體味；架構境界，能籌措意象，營造氛圍；文字運作，能精心熔鑄，推敲煉字；傳達表現，能蘊藉含納，講究韻味。

　　楊牧爲《青衫》所寫的序言說：「我讀陳義芝的詩，特別爲他之能肯定古典傳說並且面對現代社會，爲他出入從容、不徐不疾的筆路情感而覺感動。他到目前爲止的大半作品，總透露出一種嘗試宣說卻又敦厚地或羞澀地想『不如少說』的蘊藉，一種堅實純粹的抒情主義，尤其根植於傳統中國詩的理想。」②楊牧總體上道出陳義芝的古典風貌，特別是他不徐不疾、亦慍亦火的格調給人印象深刻。具體深入下去，我以爲，陳義芝在新古典道路

上經營有獲，一個重要法寶是善於營造氛圍。

　　古典詩歌文論沒有什麼關於氛圍的論述。氛圍主要體現於現代小說的場景。但事實上，氛圍也是詩歌有機構成元素。因為氛圍是一種氣氛，一種語境，一種進入境界難以替代的鋪墊。而意象只是營造氛圍這種像霧氣一樣彌漫的「水滴」，只有足夠的「粉塵」足夠的「水滴」以及足夠的「大氣壓」，才能形成濃厚的「霧幛」。進入這種「霧幛」（氛圍），其實也就是進入一種景區，進入一種境界。境界的形成，當然有的不必靠氛圍，但也不能否認，許多境界的成型，氛圍往往起著至關重要的作用！

　　我不敢說陳義芝是新古典主義的傑出代表，但他在營造境界氛圍中的某些長處是值得看重的。從結構上說，氛圍的營造有單純的和多重的；從性質上說，有白描性、虛擬性、情感性、隱喻性等。下面做簡要評介。

單純性氛圍

　　　春心含恨吐字，當夜闌人靜
　　　彌望你那迷離帶怨的眼
　　　我病瘦的詩行
　　　恰似傾斜下陷的阡陌
　　　在泥爛水深處
　　　流露驚惶的足印——《阡陌》

這首詩的上半段，同許多古典詩詞營造氣氛的路數一樣，都是焦點集中，詩情單純，運行線索基本呈線性，焦點一開始就挑明「春心含恨吐字」——寫作的艱辛，藉此做一直線推衍。與古典詩詞所不同的是，詩人把自己病瘦的詩行比做下陷的阡陌，且在泥爛處留下驚惶。「泥爛」真是絕妙之極，這於古代同類「含恨」題材，恐不讓手，活畫出那種苦思焚心、掙扎跋涉的「吐絲」窘

態。由於集中單純，加上喻體奇巧，所以即便氛圍單一，也一下子讓「氣氛」提升到相當的濃度。

多重性氛圍

《年輕的心事》就不那麼單一了。它的氛圍至少有五層，第一層：「清怨像月光／那種傷／初一萌芽／十五開落一地／白梨花」，以極其凝練貼切的雙重意象，月光和白梨花比擬傷怨，由於省略虛詞，和巧妙斷開，也由於月光、傷怨、梨花三者緊挨緊湊的密度，造成氛圍上難得的「疊印」效果。第二層：「轉念紛繁如／月逐盈缺／日漸一日／在愛恨相迭與割捨不忍中／滴滴點點／消磨」，是第一層氛圍的持續與動態化，特別是「滴滴點點，消磨」這六個字的復迭加新開停頓效果，兼得宋詞意境上的韻致。第三層是漸進中的大轉折：治療此心事，要「和鹽和醋和苦膽」，要「用最最冰寒的水」「外加一縷哽咽一絲決絕」，寫盡傷怨的深度氛圍。第四層則宕開一方：「而苦傷久的難愈／那藥方／唯如秋天烟雲／把山推遠／引水流細／光景淡去如忘記」。第五層則回復到題旨上來，如此殫心勞形，最後仍陷於若有若無、似續非續的不可言說的「痴迷」中。先後通過五個層次，鋪陳、衍展、宕開、持續、回縮的氛圍營造，曲折表達《心事》的難言之苦。

白描性氛圍

> 春分，烏秋站在土埋的草垛上／鷂子憑天空打轉／野狗夾住尾巴翻撿垃圾吃／烟蓬蓬的灶上終日煮著地瓜葉及番薯簽／／直到公路開通，電來了／農地改種，載甘蔗的小火車消失了／陸續又發生的事情是／西瓜田淹水，蘆筍滯銷／住戶一家家陸續搬走／／留下搬不走的老甕，啊／搬不走的歲月和歡愁

這是《甕》之夢的後半部分，陳義芝把偏遠村落比做甕，其形狀

之圓鼓老態，質地之簡陋粗糙，內涵之封守厚重，可謂貼切之極，
傳神之至。對於故土的描寫，他放得比較開，大凡生老病死，桑
麻狗彘，一一「入甕」。他採用一種最樸素質直也最經濟的手法
——白描。白描是一種單線條勾勒、不敷色彩的基本繪畫手段。
在西化時期，幾乎被詩人唾棄而幾近「絕種」，許多詩人看不起
這種簡單的「練習性素描」。陳義芝偏偏大量採用它，以第三者
的敘述視角，客觀冷靜地並帶細節性地速寫故土各種景觀，先造
成大量直叙性鋪墊，然後在末段呼應前段，最後落腳於「老甕」
——地理上搬得走的「村落」，心理上卻是搬不走的「鄉愁」。
至此，貌似格外分散的白描鋪陳，終於在結句出色地完成懷鄉情
懷的凝聚，境界也因之成熟。

情感性氛圍

　　如果說以白描手段製造氛圍比較淺白顯露，同時也比較缺乏
想象力，那麼用情感手段製造氛圍同樣也是一種直露方式。有時，
詩人情感過於亢進飛揚，乾脆放棄控制，不再借助虛擬的想象、
曲折的隱喻和精工營造的意象，而直接亮出嗓子來「赤裸呼喊」。
陳義芝面對封裹半世紀的茶，耐不住情感長期煎熬，乾脆來一次
「花腔美聲」：

　　　　怎樣啊怎樣讓家鄉的浮雲出山

　　　　也籠覆流蕩在別省冬開似梅的花

　　　　怎樣啊怎樣讓青嫩的記憶始終叫得出名字

　　　　輕颭拂水，寒夜裡傳熱

　　　　傳香——《一種茶》

利用情感的爆發力噴射濃稠熾烈的岩漿，使「這一種」獨特的茶
被情感的氛圍烘熱煮沸了。這不是一般日常飲用的龍井烏龍，而
是經家園、同胞濃情熬出來的釅茶。此「茶」的意境就在情感性

氛圍的包籠中儲蓄繼續發展的勢頭。

虛擬性氛圍

白描與情感用得太多也不好，其弊是缺乏想象缺乏感覺。為彌補這種缺陷，依靠想象的虛擬可以製造另外類型的濃稠的氛圍。

> 葛藤爬上書架眼波流轉
>
> 輕輕，躡至說文身後
>
> 猛然摀住許慎的眼說
>
> 你猜，你猜
>
> 五百四十部變什麼？
>
> 一條細流載著翡翠的聲音
>
> 叮叮噹噹，逗得
>
> 白玉苦瓜都笑開了口——《夜讀記事》

此詩構思頗為乖巧且富諧趣，詩人以童稚的想象將葛藤擬人化，這還不夠，同時順勢虛擬出葛藤摀住許慎老人的眼睛，反問的嬌嗔，以及連苦瓜都被逗笑的情景，真乃趣味無窮。這種憑靠想象、聯想來創造氛圍，乃是創造意境的重要手段。同類型的還有《夜訪》，詩人在夜讀中，由一縷檀香味虛擬出拜見陸游的情景，親切而溫馨：「月光淡淡／我舉步／推開他松楓竹交映的木門／邁越一屋子亂迭的書像青山／問：先生在否。」超跨度的時空想象，造就了一次與古人難得的對話。

隱喻性氛圍

> 癢而灼熱，一種疹子
>
> （慢性想象家的病）
>
> 川芎、防風、赤芍都拿它無法
>
> 從前，粘附潛意識
>
> 而今，怯生生地從腳往上爬——《隱形疹子》

十分可惜，《隱形疹子》第二句，由於作者太早點明，迫使該詩的隱喻性大爲削弱，否則它將更加出色。筆者特意給第二句加上括號，如果不讀它或把它刪掉，那就徹底造就了一種隱喻和隱喻性氛圍。隱形疹子，許多清熱解毒、袪過敏的中藥都拿它沒辦法，先造出古怪的懸念，接著筆鋒一轉，爲我們指出某種潛在寓意，結尾兩句再照應開頭「隱忍的蕁麻疹又火飄飄攻上心來了」，其隱形的意旨完整地從生理「移情」到心理，那是一種防不勝防、隨時都可見「風」發作的思鄉病啊。這種言此而意它的隱喻和隱喻性氛圍，表明陳義芝比早期成熟多了。同類型的，還有前面引過的《一種茶》的結束部分：

> 有一種茶，書本未記／是軍靴、草靴、炮火烤焦的那種茶／藏在斗櫃裡，浸泡開／洒落報春鳥的啼鳴／飲而醒焉／醒而醉焉夢焉

這種茶眞是奇特，教人飲而醒、醒而醉而夢，也是通過隱喻的反覆渲染、鋪墊，才進入最後的暗示象徵。

　　看來，新古典主義要堅守中國古典文化精神之眞傳，少不了要對意境、境界慘淡經營，而意境境界的構成同樣少不了襯托、映襯、烘托、鋪墊、渲染等一系列氛圍手段。不管單一也好，多重也好，白描情感也罷，及至虛擬的隱喻的，都是值得我們施以注目禮。陳義芝並非提供最好的範本，例如某些過於泥實的平鋪，某些語法過於「質直」，都有待進一步克服。但他對古典精神的執著，對意境、氛圍的苦心經營，他多年對正確「發聲法」的苦苦尋覓，都給我們啓發和鼓舞。但願在下一輪的新古典主義大潮中，他能成爲更精彩的排頭浪。

【註　釋】

①　余光中：《新婚別》序言，（臺）爾雅出版社，1989年版。

②　楊牧《雪滿前川》，見1984年10月21日《聯合報》。

三十三　空白：布局章法中的「活眼」

　　中國古典藝術十分重視布局章法中的空白處理，尤其是繪畫與書法。繪畫上的空白有兩層意思：一層是指不著任何筆墨和顏色，即古人所稱的「無畫處」；另一層意思是指「黑白乾濕濃淡」──六彩中的白色。這種無畫處與有畫處即虛與實的相互生發、相互作用，共同造就了畫面的靈動和韻味。馬遠的《漁父圖》，只畫扁舟不畫水，周圍一片空白，卻很好地表現萬頃烟波迷茫浩渺的意境。相反，黃賓虹的山水，則在充天塞地密密麻麻的筆墨中開一點「天窗」，而整個畫面就產生解結、點睛、提神的妙用。所以笪重光能道出「虛實相生，無畫處皆成妙境」的高論，高日甫能點出「即其筆墨所未到，亦有靈氣空中行」的歌吟。①

　　中國書法的空白亦是同道。書法是純粹點線的藝術。字是由點線連貫穿插而構成的，點線的空白處必定同時是字的組成部分，故書法的章法結構有著名的「計白當黑」之說，這同繪畫上「無墨處而見筆墨」何啻心有靈犀一點通。宋代大書法家歐陽詢曾總結出三十六法，其中的排疊、避就、穿插、向背、補空、意連、應接等等，無不與空白有著千絲萬縷的聯繫。或者說，書法布局的疏密、虛實、黑白、連斷、藏露等辯證技巧都在不同程度上把空白的魅力推向不粘不脫、風神瀟洒的勝境。故劉熙載在評價古人草書中總結道：「空白少而神遠，空白多而神秘。」②宗白華先生更在美學高度上道出空白的真諦：中國藝術家「不肯讓物的

底層黑影填實了物體的面，取消空白，而是直接在這一片虛白上揮毫運墨，用各式皺擦表示物的生命節奏，同時借取書法中的草情篆意或隸味表達自己心中的韻律，所給出的是心靈所直接領悟的物態天趣、造化和心靈的凝合」。③

　　中國古典詩詞很早也懂得運用空白。「不著一字，盡得風流」，「韻外之致」，「味外之旨」（唐·司空圖）；「作詩之妙，含在意境融徹，出聲音之外，乃得真味」（明·朱承爵《有余堂詩話》）；「語不接而意接」（清·方東樹《昭昧詹言》）。諸如此類的文論，都在不同程度上指涉了空白，造成詩歌空白手法極多。如：

　　興隱造成空白：「孤帆遠影碧空盡，惟見長江天際流」——回避正面寫離情，將情隱匿於「碧空」處，貌似客觀寫場景，其實在場景運轉的間隙，已讓天際的長江流「露」出別緒之哀切。

　　化虛入實造成空白：「試問閑愁都幾許？一川烟草，滿城風絮，梅子黃時雨」——以具象的情景烟草風絮梅雨注腳抽象的閑愁，使無形的情意立刻獲得可視可聞可觸的質感，並引發無限遐想。

　　並置造成空白：「千山鳥飛絕，萬徑人踪滅，孤舟簑笠翁，獨釣寒江雪」——有意讓出大面積虛白，僅點綴豆芽式人迹，從而在四個並置比照的畫面中，襯托出大宇宙的寥廓無限與人生的短暫蹇苦。

　　宕遠造成空白：「人家在何許，雲外一聲雞」——不作正面回答，或顧左右而言他，從而造成「畫外有畫」。一種「畫外音」的效果把畫面引向悠遠深邃的境界。

　　現代詩在自身發展中，多少承傳古典藝術的空白技法。同張力一樣，空白到處可見，不過現代詩的張力多表現在結構語言上，

特別是語言，而空白則多體現在布局章法上。黃賓虹曾說過：「作畫如下棋，要善於作活眼，活眼多，棋即取勝。所謂活眼，即畫中之虛也。」④此話雖針對丹青，其實作詩亦是。作詩要善於作「活眼」，在某種意義上，空白可以說是布局章法上有關虛實、斷續、起結、聚散、呼應、繁簡、疏密、抑揚、藏露的「活眼」。這類「活眼」將空白有機地融入規定的情境語境中，穿過表層結構，抵達更深的意蘊，教讀者在「空白」感覺中體驗的美，比直觀的美更含蓄、更強烈、更富於妙遷聯想的意味。現代詩造成空白的手法有許多種：張力、暗示、隱喻、簡化、脫節、蒙太奇、間離……下面推出幾種。

間隔造成空白

> 面對玻璃墊下的一張舊照
>
> 從那襯著灰色天空的
>
> 瞳孔裡
>
> 低──首
>
> 我苦苦地思索──陳煌《遠方》

在灰色天空與瞳孔的相互映襯與疊印裡，作者遽然打住，以瞳孔作結一個停頓，接著用跨段造成另一種間隔，讓讀者有一點時間同作者一起細打量「瞳孔」究竟隱藏什麼。最後用一破折號把「低」與「首」故意再度隔開，放慢閱讀速度，教你再次與作者冥想苦思。從對照片的凝睇到低首苦思是一個道地的慢鏡頭，在慢鏡頭的轉動下，總共出現兩次中斷性間隔，讓你在間隔空白中慢嚼細品往事及浸透其間的況味。

宕開造成空白

> 如齒的石階／一口，就咬住滿嘴月光／披白袈裟的／高高松影，伸出／瘦瘦的手，且拾階而上／冷冷去敲／那寂化

的扉環／／喂，有人嗎？／／乍然，月下竄起一聲唵哇／才發覺／門是虛掩的──洛夫《古刹》

該詩先用四個連續性擬人動作寫「僧」：披裟、伸手、拾階、敲扉。接著冷不丁鑽出問話，是僧是松是詩人抑或一種神秘的「天籟」，暫且不用管。在空曠寥落的情境中，回答這一問話的竟是一堵虛掩的門。就此，詩人於該詩的動與靜、虛與實、呼與應、斷與連的結合部，為我們留下一大片空白，讀者就在這一大片空白地帶沉入種種近乎禪思禪趣的體味。

分切造成空白

後來我們就哭泣了／當夕陽和錦葵花／一起碎落在北方古老的宅第──瘂弦《懷人》

詩歌與小說不同，主要是表現主人翁的情感事件。由於詩講究高濃縮，所以它鼓勵詩人大膽對情感事件進行大幅度切割、中斷、倒插甚至打碎然後重新「拼貼」。此詩不言而喻是懷念青年時代所經歷的一次戀愛事件，一開始詩人就把事件的因果關係切斷，只推出結果，然後誘導讀者一步步去探尋此樁情感事件發生的緣由。這種一開始就把因果鏈切斷的懸念，正好形成一種空白「謎底」，頗具誘惑地製造著「期待閱讀」心理。

表裡結構產生空白

你是潛藏於體內的／欲除之而後快的／那一種瘤／是一種久乎無法治療的／絕症／／……你頑固如掌上一枚繭／剝去一層／另一層／又已懷孕／／我吸取天地之精華／你吸取我……／最後，你無非是／要把我瘦成一張薄薄的紙……──向明《瘤》

整首詩包括題目所構成的表層結構無不圍繞著瘤──一種絕症而展開，每一行每一字的矛頭都無可置疑地指向榨取血肉生命的「

罪魁禍首」，這種表層結構一直延續到最後一句，人們才恍然大
悟：原來在「瘤」的發展演化中，作者早已伏筆埋藏另一對應的
裡層結構——心力交瘁的寫詩過程。此詩的表層結構與裡層結構
共同構成了情境逆轉的張力場，這就是空白！讀者就在這充滿作
用與反作用的空白中，在表層咀嚼瘤的苦痛中，領悟裡層——成
詩過程的真味道。

停格造成空白

　　沙啞唱片／／深深的／紋溝／在額上一遍又一遍／唱著／
　／我要活下去／我要活下去／我要——非馬《老婦》

用唱片磨損的紋理，暗喻老婦額上皺溝，一遍遍沙啞唱著表達被
摧殘、瀕臨死亡邊緣勞動者的哀號。全詩十分緊湊，特別是結尾
連用三「要」，一浪高一浪。設想如果結句不做戛然停頓，同樣
以同向並列句勢推進，那麼其效果只能是一種同向量的增值，只
能是一種1＋1＝2的功能。詩人巧妙改變這種呆板的直線疊加推
進，在結尾突然作出果斷的停格，即教呼喊的聲音突然「凝噎」，
在「我要」之後產生聲音的漫長空白。這樣，「要活」的理性內
涵被擴大了，無形中留下潛在的感性化空間。要什麼？不僅指向
「活」，更多指向沒有說出來的更多感性化成分與容量。比如撫
恤、養老、看護、保險等。讀者就在這被停頓的空間中，激活自
己的經驗體驗，同詩人一起完成原有題旨的補充及延伸。

　　至此，我們對空白作了走馬觀花式的巡禮，如果再以近年頗
為流行的格式塔心理做點注釋，那麼空白的立論也許更能站得住
腳。

　　格式塔原理告訴我們：當某種不完全的形呈現於眼前時，會
引起視覺中某種追求完整、對稱、和諧圖形的傾向。這種恢復、
補充、整形的力被稱為「完形壓強」。空白在本質上就是一種「

不完形」、「非完形」現象。因而每一個空白都遺留著一大堆亟待整形的「缺憾」，空白的這種屬性正好與藝術形象完形結構本身所具備的「不全之全」的特性相吻合，故能產生上述「完形壓強」的效果，即誘導讀者以豐富的聯想去恢復、補充、修整再造性完形。所以實際上，空白等於「完形壓強」。

如果換另一角度，以接受美學考察，空白可以看作是一種「未完成美」，它是詩人與讀者理解闡釋之間的一種變量。這種變量擁有較大更移、轉換空間，要使這種變量（空白）最大限度釋放出來，往往有賴於接受者相應的藝術修養和傑出的聯想想象能力，只有具備這兩個基本條件，接受者面對空白，才可能進行成功的二度創造。因此，空白的產生及其最終結果，往往取決於創造者設置「活眼」的智力以及進入後，欣賞者闡釋者解悟的功底。

【註　釋】

① 宗白華《美學散步》第70頁，上海人民出版社，1981年版。
② 劉熙載《藝概》第142頁，上海古籍出版社，1978年版。
③ 同①第69頁。
④ 《黃賓虹畫語錄》。

三十四　點化：點鐵成金奪胎換骨

　　現代詩面對龐大的古詩傳統，不免要涉及到一個如何處理古典素材、傳說、神話、事典、原型等課題。如何在波傳瀾揚的歷史長河中，不襲前人，獨僻蹊徑，乃是對當代詩人智商的重大考驗。

　　詩人們很自然想到點化。點化原指古代方士的點金術，經黃庭堅的「取古人之陳言於翰墨，如靈丹一粒，點鐵成金」的借用，竟成了後來詩學上「化腐朽爲神奇」的「一指禪」。①點化主要有「換骨」和「奪胎」兩種，「不易其意而造其語，謂之換骨法」，「規摹其意形容之謂之奪胎法」，②說的都是對古人古事古題古意古名的改造翻新。點化雖有神助之雅稱，卻也經常脫不了仿效乃至「剽竊」之攻訐，因爲它與「蹈襲」近在咫尺，極易混淆，所以李翱特別推仰新變：「創意造言，皆不相師」。

　　何以從前人用爛了的素材、題材、事典中化熟爲「生」，這是奪胎換骨的最大難點。元朝的楊載等人曾總結出用事經驗：僻事實用，熟事虛用，明事隱用，死事活用。③同代的陳繹曾更詳細推出九法：正用、反用、借用、暗用、對用、扳用、比用、倒用、泛用。④臺島詩人處理古代人、物、事，可謂相當得法。火燒草料場是稚孺皆知的故事，如若再根據時間場景情節，結構故事，則容易成爲老掉牙的陳年芝麻。楊牧別出心裁地抓住「聲音」，從而創造《林沖夜奔》的「聲音戲劇」，一反文字、情節模式。全詩分四折——四章，每一章的敘述者都是特定環境中的抒情主

人翁。第一章主要爲風聲，第二章主要爲山神，第三章主要爲林冲，第四章主要爲風雪和山神，其間各自的獨白有如樂章的獨奏，交替的「對白」帶有「混聲」傾向，還間以對位、華彩處理。歷史的場景讓位於人、神、鬼共演的舞台；客觀叙事置換出主人翁獨白式抒情；線性的情節發展變成四段（四部）回環結構，舊有的小說題材被徹底改造了。比較楊牧其他「古典」作品，像史詩《延凌季子掛劍》、詩劇《吳鳳》，筆者以爲均無出其右，因爲其所創意的「聲音」戲劇，遠不止於奪胎換骨的意義了。

《長恨歌》同樣是家戶喻曉的名篇，敢以同題出之，必需大智大勇，因爲一千年前的大手筆已斷了後人許多思路。白居易創作該詩基本上是採取古典的寫實加浪漫的想象，以景緣情，化情爲景，再現那段膾炙人口的愛情情景。洛夫對此作了相當的翻造，主要有四：一在主題旨意上，不襲白詩著眼於愛情的長久、忠貞、摧心動魂的力量，而是旨在發掘「生命的殘酷情境」。二在結構情節上捨棄白詩大量「輕歌曼舞」和臨邛道士一段，更多描寫性愛及生命所釀造的悲劇。三在調性設置上，淡化白詩哀怨纏綿悲愴愁慘，多採用戲謔反諷的語態。四在手法處理上，放棄觸景生情、情景相襯等古典詩創造意境的「賦比興」慣用手法，而多應用變形、交感、佯謬、暗示、荒誕、畸聯等現代手段。這種變革精神正應驗《原詩》所說：「大抵古今作者，卓然自命，必以其才智與古人相衡不肯稍微依傍，寄人籬下，以竊其餘唾。」⑤在大範圍內對古代題材、事典活用，表明現代詩人敢以抗衡古人，顯示了作者大胸襟大學識大手筆，而對前人一個具體詩境、一片具體詩意的翻新亦顯示作者精微的功夫。楊子澗的《桑花》，不能說沒有半點仿效王維的《辛夷塢》，但不少地方是有自己的獨到之處。下面經過對照比較，不妨寫下兩首詩異同對比的一組詞

滙。

王維《辛夷塢》	楊子澗《桑花》
木末芙蓉花	仰首／偶然望見桑花／
山中發紅萼	靜靜／爆裂
澗戶寂無人	飄墜的花絮／恰似我沉鬱的心事／
紛紛開且落	緩緩／散布在如水的／
	夜空／茫無涯岸／明早，
	落英滿地／而無桑果

對　　比

採用客觀鏡頭	採用主觀鏡頭
空間畫面：山中→山中	時間進程：夜晚→明早
中景→特寫→全景	中景→特寫→全景→中景
開頭：淡入（緩緩）	開頭：切入（快速）
收尾：以景結情	收尾：綜景結情
畫面由靜生動	畫面由動到動
手法：白描，以物觀物	手法：投射，移情對應

在楊子澗詩中，更多看到古典詩對現代詩的血脈營養，直接氤氳影響下的變異。這一筆豐厚的遺產確令我們終生受用無窮。

　　再舉一例，寫落花。荷的風姿神韻，歷代絕唱不少，姜夔的《念奴嬌》有──「嫣然搖動，冷香飛上詩句」；周邦彥《蘇幕遮》有──「葉上初陽乾宿雨，水面清圓，一一風荷舉」，各呈清麗冷艷。而洛夫絕無東施效顰，他在與對象交流的近距離中，以瞬間動態極寫荷之「羞澀」，一枝獨秀：

> 我向池心／輕輕扔過去一粒石子／你的臉／便嘩然紅了起
> 來

以及在結尾處，通過反客爲主的感應，寫盡主體「顧盼」「流連」
的情懷，同樣別出機杼：

> 我走了，走了一半又停住／等你／等你回頭看我

除却任何仿效的成分，出自活生生的感性體驗，足見作者戞戞獨
造的用意。

對古典名句的點化，長期以來，一向受到臺島詩人的惠顧。
點化有一對一的，有以一化十的，有以十當一的。像杜國清，用
李商隱四十首七言句子爲題，寫了四十首，滙成《玉烟集》，或
用個我思緒「套用」李句，或借李詩衍生自我情感，可謂一以化
十，把濃縮的古典李詩，稀釋淋漓成現代杜詩。比如李商隱《中
元作》有一句「不知迷路爲花開」，杜氏將它作爲詩題，緊緊抓
位「花」而稀釋而延展而揮發而升華——

> 那朵花，是紅花，是黃花
>
> 是桂花，是櫻花，是梅花
>
> 是浪花，是雪花，是火花
>
> 是我愛我不愛我不能愛我不能不愛
>
> 我曾愛我將愛我永愛我曾將永愛的

一如薛濤在《一瓢詩話》中所說：「用前人字句，不可並意用之。
語陳而意新，語同而意異，則前人之字句，即事之字句也，若蹈
前人之意，雖字句稍異，仍是前人之作，嚼飯喂人，有何趣味？」⑥
杜國清以自己情味趣味出之，於點化的交弈盤上，運籌得相當瀟
洒。

假若說杜國清擅長以一化十，那麼羅智成則採取以一當一的
方式。如「尾山玉碎鳳凰叫」（李賀）點化成——「玉鑄的屏山

依次破裂」；「一雙瞳仁剪秋水」（李賀）點化成——「歌終／
一雙瞳仁截下一段秋天的小溪。」再如，白居易《長恨歌》中：

> 夕殿螢下思悄然，
>
> 孤燈挑盡未成眠。
>
> 遠遠鐘鼓初長夜，
>
> 耿耿星河欲曙天。

被洛夫點化成：

> 竟夕繞宮而行／未央宮的每一扇窗口／他都站過／冷白的
> 手指剔著燈花／輕咳聲中／夢城時全部的海棠／一夜凋成
> 秋風

從意境到字句有了較多翻造，這主要取決於詩人感覺變異（交感）
的強度跨度，在快速的時空轉換中，不讓前人。

　　事實上，出色的點化和奪胎換骨，還有賴於現代意識的統攝
與介入，它往往教死去的事典、爛熟的材料、老掉牙的名字煥發
出全新的活性：

> 只是公瑾當年的雄姿／徑上倏來急往的車聲／已經萎縮三
> 分，到底羽扇太輕／扇得出瀟灑卻揮不掉／塵土飛揚的懸
> 浮粒子／倒是錄影帶還可證明／江山的確如畫，更何況／
> 關稅降低之後家電便宜許多／大螢幕電視已非奢侈……——
>
> ——侯吉諒《風雨夜讀東坡》

詩人在大江東去的夜讀中，於古典風雨的現代車聲的牽引中，萌
生種種關於現代環保、處境、資訊、都市文明的感慨，表達得十
分妥帖而無生硬強加之感。管管的《杜甫草堂》更以尖刻的諷刺
進入黑色幽默：

> 杜甫同志！牛肉乾跟詩混在一起是啥子味道你坦白一下，
> 他正想向「高檔」「領導」提出檢查滙報呢，卻被腹中牛

肉乾之一小撮反革命小子把肚子老子給文化小革命了。
而余光中「與李白同遊高速公路」則把「警笛」、「身份證」、
「殺手」、「版稅」、「史匹堡片子」等現代文明供歷史人物「享用」，引起今古互鑒的多重聯想。可惜的是，以現代意識「點化」古人古事徹底爲我所用的大創意，爲數還不是太多，原因是一些人還未徹底走出古典詩詞的現代復印、現代翻版的陰影，這也是新古典主義亟待解決的一個重要課題。

　　一千多年前蕭子顯極有遠見地提出：「若無新變，不能代雄。」可謂不創前未有，爲傳後無窮？一直貫穿著中國文學求新求變的「獨造」思想。點鐵成金、脫胎換骨的眞義和精髓就在這裡。

【註　釋】

①　（宋）黃庭堅《豫章黃先生文集》卷十九《答洪駒文書》。

②　（宋）惠洪《冷齋夜話》，見《中國古代寫作理論》第296頁，華中工學院出版社1985年版。

③　參見楊載《詩法家數・用事》，《歷代詩話》下冊，中華書局版。

④　（元）陳繹曾《文說》，見《中國古代文論類編》（上）第903頁，海峽文藝出版社1988年版。

⑤　（清）葉燮《原詩・內編》（上），人民文學出版社版。

⑥　（清）薛濤《一瓢詩話》，見《清詩話》下冊，上海古籍出版社版。

三十五　起結：開闔離合盡其變勢

　　詩歌講究首尾起結，這是因為詩歌篇幅短小，容不得半點閃失。詩歌在瞬間撞擊中，要迅速取得照徹人心的效果，不能不在開闔離合的要害處下點功夫。古典文論有關這方面的論述可謂汗牛充棟。白樂天「破題欲似狂卷浪」（《金針詩格》）；沈義父「大抵起句便見所咏之意」（《樂府指迷・過處》）；謝榛「凡起句當如爆竹，驟響易徹」（《四溟詩話》）；沈德潛「極蒼蒼茫茫之致」，都道盡詩歌開篇種種風光，或開門見山或境界闊大或出人意外或大氣包舉，舉不勝舉。今人流沙河亦曾總結自己多年創作經驗，在《寫詩十二課》中推出十二法，計有：興起，比起，飛起，白起，順起，倒起，緩起，急起，繞起，疑起，迭起，泛起。不乏卓識慧見，很有些詩歌開篇法大全的味道。

　　說到結句，花樣同樣層出不窮。有白居易「卒章顯其志」的言志法，有杜甫「意愜關飛動，篇終接混茫」的境界法，有「如剡溪之棹，自去自回」的從容悠展（楊妍），有「當如撞鐘」的警策銘心（謝榛），以及「宕出運神」式的慢收（沈德潛），「如載奔馬」式的快收（姜白石）。此外，像王士禎的「響亮」之道，喬夢符的「豹尾」之論，都各擅勝場，法有獨鐘。俗話說「編筐編簍全在收口」。不管是以千鈞之力緊急剎車，還是「實下虛成」網開一面，不論雲譎波詭中的畫龍點睛，還是蒼茫混茫處的「不了了之」，結尾恐怕都離不開「其妙在言雖止而意不盡」的追求上。

　　古典詩歌的起結，即便七十二變，最終還是未能跳出「起承轉合」的如來掌心；不管多麼出格，起結之道多少得照拂一下詩思發展的有序性，特別是在開頭。而現代詩在這方面則放縱多了，它常常不顧事件的秩序、因果，不顧演進時間，特意強化瞬間與空間，且施以脫節、錯置、拼貼等手段，因此它的開頭與結尾，有時讓人莫名其妙，丈二金剛摸不著頭腦，彷彿只是一堆碎片的粘合，充滿隨意與隨機，甚至會出現每一句都可能是開頭、每一句都可能是結尾的「怪胎」。這種極端，大大衝擊了「起承轉合」的章法，有些破壞過頭，當然不足為訓。有些則在繼承時有所變異有所發展，值得細品一番。筆者在閱讀臺島詩集時，把一些令眼睛為之「一亮」的起結，順手錄下。若干沒有名分的，也杜撰幾頂「帽子」給它們戴戴。讀者若覺不妥，隨時都可以摘掉。

逆折式

　　　而這樣的風景

　　　也會倉皇

　　　地隱去──羅少文《停立》

現代詩慣用許多虛詞虛字「牽頭」，不少介詞連詞副詞都充當過「開路先鋒」，這與古典詩歌語法詞性是一個重大區別。虛詞牽頭有自己的特點，一是詩思運轉更具跌宕，二是特別在轉折性處理方面更具鮮明力度。「而」是連詞，在開頭起轉折，它同「然而」、「卻」、「可是」、「但是」一樣，放在首位給人迅速扭轉的力量。在古詩，逆轉一般處於中間位置（絕律第三、五句），顯得較平穩；而現代詩把逆轉提前放在「起跑線」上，則有突然懸宕的雙重效果。

連鎖式

　　　至於

> 萬朵淒然的紅顏
>
> 如何走向凋零
>
> 我已忘卻——黃勁連《蓮花落》

介詞「至于」放在開頭，也屬於「稀有金屬」，在語法詞性構成中，它的「實詞」意味是指示「到達」，它的虛詞意義則起著連鎖功能。在事件尚未展開時，作者先行推出某種令人難解的「關係」，且用停頓，把關係凝固凍結。這樣，小小的「至於」兩字就把一般化的順序切斷，打破傳統的平鋪直敘和按部就班，使處於第二「梯隊」的「承接」提前為開局。原來連鎖的部分上升為「主角」，既更變了結構重心又使詩顯得跳脫。

截斷式

> 然後，一片微綠的記憶飄下
>
> 我空無所有，它們迅速地返回它們的來處：陌生，
>
> 可貴的全然的陌生——敻虹《咏嘆九行》

起句一個「然後」，把前後事件關係過程一刀砍斷，有點教人摸不著頭腦，究竟在此之前發生了什麼，事件的前半部完全是一片空白，詩人就在這空白中為讀者創造想象的「百慕大」。這種進程的突然中斷，猶似老師布下的「填充」題。它可以解答可以暗示當然也可以「懸置」一邊。它和「後來……」、「而後……」的開頭一樣，經常給人突兀之感，隨之而來是一種充滿期待的閱讀。

突入式

> 突然
>
> 以思想擊響閃電的
>
> 鮮血淋漓的玫瑰啊
>
> 凋萎——渡也《雨中的電話亭》

以「突然」開句，且獨立成行且緊急剎車，眞是名副其實的突然。雨中紅色的電話亭猶如盛開的玫瑰，異常醒目，在突然的一瞥或接觸中，猶似情感或思想閃電擊打心靈引起震顫，隨著電擊對象萎落，這一體驗瞬間實在精彩！結尾再用一次獨立的突然性收煞——「凋萎」，響應開頭，堪稱一次絕妙的「短平快」。一如沈德潛所說的「起手貴突兀」。

驟升式

　　聽，時間捲進你手掌嘯出漩渦

　　五根手指這樣豎起來

　　滾滾流過

　　便撥起磅磅礴礴做五岳

　　共工撞歪的天空你扛住——余光中《看手相的老人》

小小五根手指，作者將其作神話般拔高，變成五岳，五岳尙嫌不夠，還頂住整個歪塌的天宇。這不是超現實的夢幻，而是來自現實理念的超級升華。詩的結尾，有時確實需要做情感、情思高八度的提升。倘若前頭欠缺鋪墊，驟升則有人爲拔高中氣不足撕破嗓子之虞。只有充分感性的烘托鋪墊，才能借助情感邏輯和想象邏輯，完成違背生活又高於生活的「拔高」。

放氣式

　　四十歲以後他不再收集什麼

　　除了每晚帶一迭名片

　　一迭蒼白難記的臉

　　回來餵一根憤怒的火柴

　　看餘燼裡竄走

　　一只蟑螂——余光中《收藏家》

收藏家的中道沒落，使得它只好在四十歲以後揣著空空的名片，

在希望與理想落空的灰燼裡，看竄走的蟑螂。正是這只小動物與前頭人事產生一種對比，在反差中發生一種料想不到的「失落」，猶如鼓脹的氣球，被淘氣鬼突然戳破產生「放氣」一樣，主人翁一下子「洩氣」了。讀者就在這巨大的落差突降裡，於驚愕回味中撫摩傷口。

定格式

> 凄草黃
> 隱隱約約的
> 是那些靜靜站在那裡的
> 墓碑——季野《秋墳》

這種結尾猶如電影中的鏡頭定格。在一片荒草淒淒、秋風颯颯的愁慘氛圍裡，鏡頭緩緩推向墳墓，最後以一個大特寫定格在墓碑上，墓碑占據整個「畫框」，給人一種樸面而來的沉重壓迫，定格所起的正是這樣一種放大強化作用；而在墓碑前特意空出一行，又是一種時間上的閱讀留白，更造成後面定格的準備。

猝示式

> 舉起，你無情的長臂
> 殺，匈奴的射雕手
> 殺，匈奴的追兵
> 殺，無禮的亭尉你無禮
> 殺，投降的羌人
> 殺，白髮的將軍，大小七十餘戰
> 悲哀的長臂，垂下去——余光中《飛將軍》

猝示，是突然顯現的意思（突然從平淡跳入神奇，突然從常態進入非常軌道）。威武的飛將軍，連續以氣壯山河的五個「殺」字展示其嗜敵如命，壯哉快哉，這種蓄勢容易造成一種正劇的圓滿

結果，然而結尾一個轉折，「悲哀的長臂垂下去」，英雄的正劇遽變爲料想不到的悲劇。突發性的打擊，常常是藝術「求之不得」的魅力。

解懸式

> 最後是樓上，眾人推牆
>
> 霹霹靂靂一陣洗牌聲
>
> 拍我驚醒——余光中《長城謠》

在此之前，作者極寫牆磚種種聲貌，給人造成吟咏「長城」的假象，十分亂眞。直至最後，一陣洗牌聲拍我驚醒，才點出樓上玩麻將的眞相。這種寫法是在前面很長篇幅中不斷製造渲染謎面（越長越好），最後一句才解開謎底。藏得愈久，最後一抖，效果愈佳。

起結之法，可謂多矣，還可以再推銷兜售一些。不過，眼下正翻著《薑齋詩話》，其中一段話如雷灌耳，不能不叫人打住。王老先生最反對株守章法，他道：「起不必起，收不必收，乃使生氣靈通，成章而達。」眞把我前面的用心歸納全給推翻了。細想一番倒也是：只要生氣靈通，葱蘢滿盈，就可以首尾流貫。這，不也是一種最好的起結嗎？

三十六　並列層遞：結構中的一種推力

　　創世紀的三駕馬車之一張默，以少有的熱忱、勤勉、充沛旺盛的精力，無愧於該社的「大管家」。也許這一點，人們多少忽略了他的創作。從早期「新民族詩型」到70年代「現代詩歸宗」的演化軌迹看，張默顯然比他的同仁更樂於服叛中國傳統人文精神。張默始終未能成為臺詩各種爭論的焦點，偶爾有幾首討論，也一直不構成熱門。讀完他的選集《愛詩》和晚近的《光陰‧梯子》，特別是後者，我甚至想說：張默比之創世紀同輩或後輩，都更接近於傳統。

　　張默的思維有一種整體嚴謹的控制感，猶如古典作曲法講究整飾的對位，於絕對之中甚至具備了某種數學品格。張默的傳達方式據說常採用「顫弦般」的咏嘆節奏，充滿豐沛的動作和流動感，有較佳的音韻效果，而張默的語言文字相應就帶著曉暢明快的風貌，總體上有一種吟咏的快感，這或許就是「張默風」的體現？

　　張默的控制、流動、嚴謹、明快，據瘂弦評價是得力於「賦格」作曲法。「通常，他的詩自點而線而面並作對狀的擴張，像音樂的賦格一樣採兩路進行，一路是接近散文的自由形式，另一路是屬於韻文的格律形式，前者俚俗，後者儒雅，一虛一實，一陰一陽，作者就以這兩種力量的相斥、相爭、交滙、融合，來控馭他作品的張力……」①比如《夜》，以小我的情人思緒與大我

的哲人理念作平等推演——對答、呼應、發展,最後走向大高潮,這種賦格式作法是一種詩想的音樂化,或音樂化思想。又比如《變奏曲》,用極為勻稱齊整的排列,造成自然物象與人體器官的縮連,最終繪成聲音的圖案。②類似這種音樂形式設計的作品不少,有《貝多芬》、《關於海喲》、《晚安,水墨》等等。而筆者在這裡想作補充的是,這種音樂形式設計的重要組成部分,是張默所擅長的並列結構和層遞結構,它們共同把詩想的音樂化推向完滿。並列結構計有對仗式、正反式、間隔式等等,層遞結構計有漸減式、漸增式、類疊式等,此外還有這兩種結構的混交復合式。

對仗並列

　　讓散步在萬蒼堂上的凝雲　慢慢落　下來
　　讓微語在一枝軒中的墨趣　輕輕淡　下來
　　讓纏綣在冷泉亭裡的亂石　緩緩滑　下來
　　讓參差在殿春簃旁的松風　靜靜躺　下來——《網師園四句》

如此整飾的對仗絕不亞於六朝駢文。有自然物象工整對仗——雲、墨、石、風;有形容詞同向度對仗——輕、緩、靜、慢,有動詞極為準確貼切對仗——落、淡、滑、躺,甚至容易被忽略的方位詞——上,中,裡,旁,亦極嚴格司職,這種對仗並列,教人想起 50年代大陸郭小川的《青紗帳——甘蔗林》,60年代嚴陣的《竹矛》,充滿華贍富麗的裝飾。它們往往通過並置意象、形象,自四面八方平等地展開烘托、渲染,從而獲得整飾、鋪陳、鏤金錯彩的繁複美。當然,對仗並列有時用得過頭,也會流於凝滯呆板,在同一平面上缺乏縱深變化。

正反並列

　　不痛的是／方方正正的字／痛的是／歪歪斜斜的詩／／不

痛的是／踉踉蹌蹌的墨子／痛的是／隱隱約約的遠景──
《隨想散葉》

開始是反面否定「不痛」，接著正面肯定「痛」。在正反尖銳對抗中，形成一種矛盾意念，於互否互撞的對峙裡，造就一種並列關係。但由於是通過極為醒目、驚心動魄的互否對抗，所以即使是平等發展，顯然也比同向位的並列結構更富推力。

間隔並列

　　沒有一絲風
　　在孟的軀幹和宗的碧葉
　　逡巡，參差，以及耳語
　　沒有一只手，一陣腳步，一雙眼睛
　　在你不規則的距隙裡
　　由下而上斜地諦視
　　陽光燦燦地自你清晰的骨節上流下來
　　彷彿這塊土地也在鳴奏著
　　彷彿這塊土地也在閃爍著
　　……──《孟宗竹的天空》

在第一句沒有一絲風和第四句沒有一只手的並列之間，巧妙「塞入」倒裝的二、三兩句，這就讓連鎖式一行接一行的排比造成間隔「喘息」，間隔就是靈活的調整，避免因急促、層層變化不大的排比，造成的單調手段。而為了使並列排比增加「活力」，作者又在「腳步」「眼睛」之前，有意刪掉重覆前頭的牽頭詞──「沒有」，使排比之勢略顯斷裂，讓節奏稍加跌宕與活躍，而節末的「彷彿」與另一節開頭的「彷彿」，原本構成緊密排比勢頭，現在有意用一空行間隔，造成停頓，使這種間隔並列再度出現「錯落」的韻致。

漸減式層遞

> 露水橫過天空
>
> 天空橫過棕櫚
>
> 棕櫚橫過咱們的眼睫——《露水》

層遞是詩結構秩序的一種發展。或者說，層遞是詩因果律演化的一種推力。它起碼要由三個句子進行「情節」的縮連、撲進、伸延。漸減式層遞是將詩「情節」的發展線索作下行式衰減，具體說是循著由大而小，由遠而近，由深而淺，由重而輕的線路。比如這首詩的開句，就是空間的大、遠、深，即「天空」逆減到較小的空間物體——植物棕櫚，最後再減弱到人體細微的器官，即小、近、淺的「眼睫」，整首詩通過一系列生物鏈的相互關聯，喚起讀者某種警醒意識：人世的滄桑和滄桑的歷史面對永久的大自然，雖然蒼白無力，但人類在無可奈何中又必須正視它。

漸增式層遞

> 月在樹梢漏下點點烟火／點點烟火漏下細草的兩岸／細草的兩岸漏下浮雕的雲層／浮雕的雲層漏下未被醒的大地／未被　醒的大地漏下一幅未完成的潑墨——《無調之歌》

漸增式層遞與漸減式剛好相反，通常是遵守由小而大、由近而遠、由經而重、由淡而濃……的線路延伸。此詩由月起始作為發射的源點，形成由近而遠由小而大的推進：烟火→兩岸→雲層→大地→黑夜。這裡運用了緊密銜接的頂真格，更形成流暢舒闊、悅耳動聽、一階高一階的「上行旋律」，而其中游移不定的動詞「漏下」的歧義（落下？瀉漏？透露？篩漏？）平添了這一上行樂段的豐富和趣味。這亦是一種因句生句、因意生意的連鎖對。不過用得不好，也容易落入背離意義、只求皮相的弊端。③

類疊式層遞

> 鳥在凝視凝視那個剛剛從夜的被窩裡逃逸出來瘋瘋癲癲的
> 那個傻小子的頭頂上扛著一輪一輪快要凋謝的月亮——《
> 咏鳥》

簡單說，類疊就是重覆。各種詞（包括音形義）都可以製造重覆，關鍵是你如何設置與調度，使讀者依賴心理上的連續因素獲得美感快感。此詩三個連續動詞「凝視」有意突出拉長那個被鳥「盯住」的逃兵，且使鳥帶有向前的動態感，接著詩人用名詞「傻小子」頂真，製造蟬聯而下的順勢效果，而數量詞「一輪一輪」的第三次類迭，既重覆呼應前面動詞、名詞，同樣也和「凝視」一起具備動感，各逞搖曳之姿，顯得節奏格外參差變化，饒有情趣。此詩就在三次類迭中完成動、名、數量詞「三色」層遞結構。在這裡應該注意的是：類迭與頂真還是有區別的，頂真表現在兩個句子銜接處，以同樣的面目「密切接頂」；類迭則表現在句子任何部位的重覆，而層遞則是結構中按一定秩序、層次，乃至一定數學比例構成的組織。

復合並列層遞式

> 啊，夜，美麗的夜，哭泣的夜，無限奔湧的夜，傷心的夜，
> 被射落失去了一支翅膀的夜，靜默的夜，和風細雨的夜，
> 米勒的晚禱的夜，羅丹的深思者的夜，洛夫的劇場天使的
> 夜，瘂弦的深淵的夜，夜，夜，于未央中，那是多麼柔麗
> 的／流蘇的夜啊——《夜》

單純並列結構在張默詩中可謂「漫山遍野」，單純層遞，時有所見。而並列與層遞的復合就少多了。從語法結構來看，此詩推出並列的十二種夜，但不是靜止平行的夜，實際上我們可以把它看作是種圓心結構，十二種「射線」自圓上按主體設計順序輻輳圓心，給人以層遞的圓形化感覺。這種層遞不像上兩例或呈直線上

升或呈直線下降的開放式運行，而是呈封閉的輻輳式運動，加上
語法上靈活調度，這種復合形態避免了排比的過量而失之板滯，
又因來自四面八方的輻輳，終能形成焦點集中的「圓心高潮」。

【註　釋】

① 　瘂弦《爲永恒服役》，見張默《愛詩》第7頁，（臺）爾雅出版社
　　1988年版。

② 　同上。

③ 　陳啓佑《新詩形式設計的美學基礎》，見《現代詩導讀》理論卷，
　　第294頁，（臺）故鄉出版社1979年版。

三十七　張力：「內聚合」與「外擴張」的衝突統一

　　用標準的物理學術語解釋張力，就是「液體表面相鄰兩部分間，單位長度的相互牽引力」。①轉借到詩學上，張力已成為現代詩語言與結構的一個重要關節。早在本世紀30年代，新批評派阿倫‧泰特曾為它下過定義：「詩的張力，就是我們在詩中所能找到一切外延力（extension）和內涵力（intension）的完整有機體。」②這就是說，欲使詩獲得張力，就應設法既讓其內涵具備高度濃縮豐富的歧義，由此產生彈性，又要設法讓其外延不斷延伸擴展，由此產生拉力，且讓兩者（彈性與拉力、內涵與外延）在衝突對抗中取得平衡，詩意就在這有機碰撞的緊張牽拉中獲得較大的「負載量」。

　　據此看來，張力在詩中是無所不在的，它存在於隱喻象徵之間，存在於反諷反語之間，存在於矛盾情景矛盾意象之間，存在於連鎖、省略、跨跳、空白之間，存在於畸聯扭曲之間，存在於佯謬詭論之間‧存在於表層結構與深層結構之間，存在於能指與所指、構架與肌質之間……

　　面對如此龐大、「到處沾邊」的張力，本文僅從技巧角度，探討一點有關語言的張力問題。1985年筆者在《論現代詩語言》一文中曾對此提出兩點看法：(1)「內聚合」與「外擴張」產生的彈性張力構成現代詩語言內部矛盾統一運動，兩者相輔相成，從內涵到外延促成了現代詩整個傳達媒介的多向性、暗示性及生長

性。(2)現代詩的語言張力主要表現在特定語境壓力中,尋求各種對應對立關係中的強制性搭配、嵌鑲、牽拉、畸聯,造成媒介運動離心力與向心力的巨大摩擦,使之在傳達的阻拒中產生陌生化效果。③產生張力及陌生化效果的途徑可謂多矣,下面討論四種:

關係畸變扭曲產生張力

在日常經驗世界中,人與萬物的關係都具有明確的分界線,等級森嚴,無法逾越,所謂各司其職、各盡其力是也。人與萬物的名分幾乎是以普通公衆認可的「眞理性」加以確定的,這些不可更移的「眞理性」規範愈加鞏固,人就被束縛在自己製造的語言陷阱中愈加麻木。詩的意義之一就是要打破這種現世的恒定,突破經驗界常規關係,創造一種與常態完全乖離的假定性,因而也就創造出更爲眞實的世界。

　　　我還以爲我的靈魂是一只小小的水柜

　　　裡面卻躺著一把渴死的杓子──洛夫《石室之死亡·59首》

詩人從存在的 X 光對自我靈魂透視後,發現這一精神貯存所已畸變成小小的水柜。這還不夠,隨著審視的繼續穿越,再度產生二重畸變。靈魂再幻化成渴死的杓子。水柜已無水,精神已枯涸,躺著的杓子──麻木的生存,是如此渴望水的浸潤,如此企戀水的盛滿,如此夢寐生命的感性的躍動!「此在」艱危與精神枯竭的碰撞,通過物我迅速轉化,將靈魂與水柜、杓子三者關係進行一次重大扭曲,令人詫異靈魂自省的深度。這就是張力帶來的奇迹。

　　　當距離調整到令人心跳的程度

　　　一座遠山迎面飛來

　　　把我撞成

　　　嚴重的內傷──洛夫《邊界望鄉》

《邊界望鄉》這首詩的核心情感與意象可簡化為遠山把我撞成內傷。在現實生活中，遠山與眺望者之間有著一段長長的空間距離，詩人巧妙利用望遠鏡的焦距，把遠山於遽然間猛地拉到眼前，產生一種假定性情景，即「飛來」的山頭碰到胸口。詩人充分運用鏡頭變焦，顛覆我與山的關係，虛擬出山對主人翁的物理性撞擊，進而引出倫理意義上的感情「內傷」。其內蘊之豐富與外延之明晰都是在特定語境中極其自然而熨帖地展開，顯示詩人晚近技巧愈加走向純熟，少了早期張力那種過於人為的強暴干預。

矛盾情境矛盾意象產生張力

唯物辯證法告訴我們，世界是矛盾的統一存在體，矛盾的相互對抗轉化是事物發展的動力。在詩的世界，矛盾同樣表現為各種並存、融會、貫通、排斥、否定、替代、對抗及轉化形態。它們之間所構成的張力——在相互吸引又相互排斥，在相互依存又相互對峙的緊張衝突中，往往提供「另一種嶄新物」。四十年來臺灣詩壇的矛盾意象矛盾情境格外發達，一開始就有「漫山遍野」的長勢。方莘《無言歌：水仙》在這方面獨具姿色。它寫的是戀愛的矛盾痛苦，全詩僅十六行，第一段寫欲投情書的猶豫，第二段寫不敢投寄的自卑，第三段寫無奈的自嘲。十六行短詩竟充塞六個矛盾意象，密度可謂不小，眾多矛盾意象共同構成總體矛盾情境。

其一「燃著熊熊冰冷的火焰」。主人翁自況水仙，其戀愛心態是外表冷凝如冰，內裡卻熾烈如焰，內外不一致的張力衝突，準確表達了初戀的複雜心理。

其二「你的名字是一只美好的新鞋」，心理上呼喚著愛人Ech的名字，無疑是一種說不出的甜蜜，而生理上的感覺卻隱含「新鞋其實並不太合腳」，心理與生理的感覺距離造成一種情感

落差，張力就在這落差中產生。

其三「每程令我踏上一程痛楚的忻悅」，痛楚的忻悅是屬抽象矛盾語，（其一其二是具象矛盾語），兩種不具形的對立情感衝突也是佯謬慣用的手法之一。

其四「沸騰的酷寒」，外在時序是嚴酷寒冬，內在情結卻是沸騰的情愛，同其一一樣，內外衝突互撞，擴大了主人翁墜入迷宮的迷惑，找不到出路，陷入再一次新穎的錯誤。

其五其六，「行走在自己頭顱之上」，「穿著自己的愚昧行走」，兩句意思差不多，都是對自己行為不滿的嘲諷——自己成為自己的對立面，概括地寫出戀愛中焦灼、煎熬、無奈、自責的矛盾情懷，張力就顯現在這種矛盾對立中。

類似這樣的矛盾意象、矛盾情境在臺灣詩壇中，可謂遍地開花。如果以彼岸流行的共相分化原理來解釋，則對它的特質會有進一步認識。所謂共相分化，亦即整體與局部變化的統一關係，在整體統一「場」上，允許局部之間互相背馳、糾結、對撞，甚至於若干程度的分裂支離，但是部分的不調和絕不能破壞威脅整體的完整性。局部之間互相矛盾是為著產生相克復相生的美學效果，也就是為著使整體在局部分化的同時仍保持某種更高層次上的平衡性。局部分化的多樣性同時能賦予整體的新鮮活旺的氣脈，讓其呈現出多姿多彩的態勢。所以矛盾意象與矛盾情境實際也為詩藝術在整體與局部關係處理上提供一種相克相生的戲劇性。

具象與抽象強行嵌合產生張力

清代的黃生有「實裝句」之說，認為詩要避免抽象，方能使具象鮮明。現代詩由於對語言的調度已擁有高度統攝、靈活、變通手段，故現代詩並不擔憂抽象詞大量湧入詩中，甚至還喜歡在頗為忌諱的抽象詞與具象之間，進行「說媒」、「搭橋」，以促

成雙方奇異的「聯姻」。

　　一株白楊

　　被腰斬成一部斷代史──洛夫《一株腰新的白楊》

具象的白楊被一斧劈開，斷成兩截，詩人通過形象的「腰斬」──即「斷」的聯想，勾起抽象的「斷代史」，從而使白楊──斷代史，具象與抽象在砍斷（腰斬）的斷裂處巧妙地「粘合」起來。

　　沉寂便

　　木木地懸掛著

　　像是一面

　　風──羅英《漁人》

抽象的沉寂，一經風的作用，便如旗幟般懸掛，富於質感，也具立體雕塑的味道。這種強行鑲嵌，盡管帶有外力壓迫，卻也能教對象「活氣靈通，意趣外蕩」。

　　三千丈怒髮

　　絞不死一座愁城的孤獨

　　齒堞們切錯著夜

　　抖落滿天星斗的謠諑──羊令野《酒之噴泉》

誇張的長髮，與具有空間位置性質的──城府般孤獨，通過動詞「絞不死」進行暴力性組接，使無形的孤獨愈發顯得具體、沉重如山。再用一個暗喻，女牆上眾多堞口（看起來像利齒），在切錯著夜。切錯切錯，竟把滿天星斗給切錯下來了。「星斗的謠諑」，同樣是一次強力扭結。謠諑是抽象詞，在這中心詞前面按上限定詞星斗，由於星斗的閃閃爍爍，給人以詭譎幽奧的印象，所以緊跟其後的抽象「謠諑」也染上其鬼黠躲閃的特徵。抽象與具象的這種古怪「婚媾」，是抽象詞自身、或具象詞自身單一結合所難以達到的另一種特殊效果。對於此等運作，楊匡漢先生頗為賞識，

曾作了高度評價：「它們或虛者實之，傳示智性內容的抽象詞為
具象詞所修飾、所過濾，獲得一種形象感性的外觀，因而可感可
觸；或實者虛之，放射直觀直感的具象詞又為抽象詞所規範、所
引領，延展一種形象暗示的深度，因而避平避絮。二者在通感作
用下的嵌合，更使詞語改變和超越了本體固有的屬性與內涵，由
表層句法的不平衡躍至深層美感意義上的新平衡。」④

語法修辭變格產生張力

　　漢語語言文字是非常富有詩質的，因為語法比較簡單，語格
較少變化，時態較少定性，故句法句型伸縮自由度大；因為句中
關係相對不確定，詞滙較多歧義，故比較能隨意改變詞格，製造
彈性。如句中各種成分的易位、倒置、錯置；句中各種詞性的轉
品活用，以及各式修辭的變格，都使現代詩語言較之古典詩浪漫
詩更具拉長、壓擠、碾碎、遷移、變異的承受力，因而也就顯出
更富於多向、生長的活性。由於篇幅關係，僅僅拈舉七種，姑且
以蠡測海。

　　1. **量詞形容詞化：**

　　　一枕黑甜的沉溺──周夢蝶《夢》

　　2. **名詞動詞化：**

　　　席夢思吐魯蕃著我們──余光中《吐魯蕃》

　　3. **動詞名詞化：**

　　　且念一些渡，一些飲，一些啄，

　　　且返身再觀照──鄭愁予《焚音》

　　4. **形容詞名詞化：**

　　　一道香脆可口的青鮮──羅青

　　5. **倒裝句：**

　　　趁月色，我傳下悲戚的

　　將軍令

　　自琴弦……——鄭愁予《殘堡》

6.狀語、主語、謂語易位：

　　曾經，雨夫人的孩子我是——余光中《雨季》

7.關聯詞省略：

　　月／減了／惶恐的孩童的臉／急促的山靈的腳——葉維廉
《歌日浩》

語法修辭的變異變格手法有數十種之多，筆者在前三部拙著中曾詳細涉獵達十幾種，另本書第二十一章也多次討論，這裡就不再鋪展深入。總之，上述簡單抽樣，可以看出，通過大量人為的對語法脖子「扭斷」，對詞性轉品，一般都可掙脫傳統語言學、文字學、修辭學的常規（這種常規往往是扼殺詩語言的絞索），使語言獲得再生長的諸多可能，從而進入陌生化領域。而陌生化所產生的感知與理解的阻拒，恰恰是現代詩張力所必須具備的前提接收條件。因而解讀欣賞現代詩，首先必須接受「阻拒」的挑戰，而克服「阻拒」的過程，實際上也就是把握張力的過程。

【註　釋】

① 　《辭海‧工程技術分冊》見「張力」辭條，上海辭書出版社1978年版。

② 　泰特《現代世界中的文學家》，引自李英豪《論現代詩之張力》，見《批評的視覺》，（臺）文星書店1966年版。

③ 　陳仲義《論現代詩的語言》，《名城文學》1985年創刊號。

④ 　楊匡漢《彈性語言》，《文學評論》1990年第1期。

三十八　密度：「一滴酒精必須蘊藏著無限生活的總和」

　　「一滴酒精必須蘊藏著無限生活的總和」，①這是本世紀法國作家安德烈・紀德對文學藝術作品提出的嚴格要求，推而廣之，也是對作品密度深刻而形象的解說。據此，賈子豪在50年代一篇文章中，不啻重點引借且加以發揮：「詩質如酒精，是從生活中蒸餾出來的具有密度的一滴。」②「這種密度是作者的思想和情感經過嚴密的錘煉，不再稀薄，不再散漫，成為一種極為精致的固體。」③他同時提出現代詩必須具備三密，即「身密、語密、意密」，賈子豪在一千多字短論中雖未能再深入一步，但他首先涉及詩的密度問題，在當時及至現在，對於如何釀造、甄別詩質，無疑提供了一種重要參照。

　　密度指單位體積所含質量的多少。質量越多，密度愈大；反之質量愈少，密度愈小。具體到文學作品，密度的體現各有側重。比如小說的密度，主要體現於小說的節奏，即一定時空內出現的內容密集或疏空程度，它側重於小說空間向度的布排；詩歌的密度，主要體現於意象語的「設列」和情緒流程的幅度，更細一點說，它關注意象語與情緒流程之粗細、濃淡、鬆緊、疾緩、虛實、空塞之間的比例與變化。由於現代詩是一種瞬間燭照的體驗型文學樣式，由於其形式簡括到一般只由數十個語碼排列成文本，故現代詩對密度要求比其他文類高得多。人們長期垢病白話詩過於鬆垮，猶如一盤散沙，這不是新詩自由形式本身的誤區，而是操

作者缺乏熔鑄功力。古人在一字一音基礎上，尚有「一句要言三五事」、「七言句中用四物」（吳沆《環溪詩話》），以及二句壓成一句的「縮銀法」，今人面對大量散文白話，更應「一以十當」，重視密度！

增大密度的方法，除參閱上篇《張力》外，下面再補充幾種。

層次曲折增大密度

1992年張默推出《時間，我繾綣你》，一共四十節二百四十行。用「時間，我××你」為基本引式，輻輳著作者積壓多年的情思。不單純作時間的四十種釋義，也不沉緬於四十年詩壇攜手並肩的同仁，而是在時間的喟嘆中雜纏對歷史、人生、現實、生命的多重思索。在大開大闔中不乏細致綿密的回旋咏嘆，於並列層遞中布滿進退自如的峰回路轉。猶似一張撒得開收得攏的大網，密密麻麻的網眼教你應接不暇，每一句開頭都是一種網眼，每一種網眼都緊縮勾連另一種網眼，如「時間，我鯨吞你」，「我揉搓你」，「我風流你」，「我滄浪你」，「我羽化你」，「我剪貼你」，「我渾圓你」……綿綿密密，似無窮盡。尤為可貴是張默跳出窠臼，不在這個斯克芬斯迷宮前逡巡，而是讓「觸鬚」穿透於時間之外之內，形成曲折複雜的網路。如有對歷史反思：「一只古拙斑駁的破瓦鉢／橫臥在古老堂屋的天井下／……就是走不出自己設定的方圓」；有對生命之謎的探源：「一把劈風鑿火的石斧／不自覺的掂掂，千斤若鴻毛／許是生命的擔子，沉重如昨／回首，日月在我的眉睫間舞踊／眺望，世界在你的發茨中開花」；有對文化之根的確認：「所有的規律俱化蝶飛去／獨獨倉頡的思路一笑不苟／咱們老祖宗傳下的形音義三絕，豈能不保」；還有對現實的針砭：「一具花花綠綠的臉譜／以鼻子為界碑／右邊，曾經是一個命令一樣動作／左邊，現在是金銀遍地勾心鬥角

／巧就巧在大家同是黃皮膚，怎樣區分彼岸與此岸」；以及對人
生況味的咀嚼：「一截牛頭馬面的陶俑／已不堪千吨萬吨泥土的
重壓／已不堪凄風苦雨無情的腐蝕，／已不堪生前死後，一律恭
恭敬敬的站著」。通過幾節抽樣，莫不感到此詩大氣包舉，意脈
細密，在虛實、濃淡、鬆緊、空塞諸方面運行得十分得體：文思
斐然而曲折多變，逸興淋漓而底蘊繁茂，竊以爲是張默四十年最
好的作品。

文意稠密增大密度

　　層次上的複雜曲折是一種結構性密度，而單個句子的異常「
結實」「緊縮」，又是另一種語言密度。如果不加細心留意，可
能會把下面這樣的好句子給淡忘了：

　　　魚戲的江南以童年——陳義芝《荷箋》

這是該詩的第一句，僅八個字，卻連鎖著事件、地點、時間三種
內容。它的稠密不體現在這三種內容本身，而是體現在三種內容
之間的關聯組合上。具體說就是時間與空間通過「魚戲」這一動
態中介巧妙進行複迭、切割、倒置，壓縮於八字中，教空間巨大
的江南置於童年手掌的嬉戲中。其稠密的滋味至少可以再改成另
外四種形態。

　　　⑴江南，魚戲似童年

　　　⑵童年，似魚戲江南

　　　⑶江南的童年，似魚戲

　　　⑷童年似魚戲，江南

能夠改換成多種形態，表明這句詩擁有足夠的彈性，讓你盡情伸
拉、變換，以致毫無損傷，且具多種可能性。擁有類似這樣的彈
性也就擁有了密度。那是聞一多所欣賞的：「詩這種東西的長處
就在它有無限的彈性，變得出無窮花樣，裝得進無限內容。」④

再品《陰寒》（陳義芝）其中兩句：

　　笑意廉價售給鐵欄外的陽光

　　眸光養在死水的金魚缸

兩行大抵對稱的句子綿密地排列六種意象：

　　笑意——鐵欄——陽光

　　眸光——死水——金魚

詩人通過暖色與灰調、健康與死亡、封守與開放的三組比照，不必看副題，人們也會聯想起孤老們慘淡的晚年、枯竭的心態和瀕於死寂的魂靈。這二句是全詩的核心，它形象概括濃縮詩人所要表達的意思，稠密得十分到家。其實保留這兩句，完全足以抵當全詩十九個句子，最多再加兩句，就可完成全詩宗旨，筆者試刪除其他十五行而接續原詩兩句「自己的血養白蟻自己的肉塑僵屍／你們永生在茫然」到此，庶幾可給全詩畫上了句號。未知陳義芝同意作這等壓縮整形手術，從體重十九磅一下子銳減到四磅，是不是減肥太狠了些？

含混歧義增大密度

　　城有城的牆有牆的各人有各人的守護神，懸離在頭頂三尺之處昏燈下，我們圍著圓桌坐下來守護著我們的諸神也環坐傾談吧——方旗《守護神》

這是方旗著名的短詩，只有四句，卻至少帶給我們雙重困惑，一是作者敘述語調幾近採取無褒無貶的客觀態度，讓我們難以明晰其傾向性，二是城、牆、人三者沒有高下屬性之分，物我同一，在一片混茫中增加了神秘與含混。解讀這樣的詩，委實無法確定其所指，我們只能含混地感到，萬物之上有一種神，籠蓋我們，卻不知道它如何守護我們；而這種神，是通常那種「萬有」之神，抑或僅是一種借代、暗示、象徵？此為含混難解之一也。或許由

於不知道爲何物，所以更好讓你自由去發揮聯想，是善是惡是天
上是地下是遠古是現在是宇宙是靈魂，不得明晰，此爲含混之二
也。或許什麼都不用想，只感知那不明不白的神秘就行，只感知
三尺外那只「無形之手」就行。這種含混的不確定，無疑大大溢
出作者的原意，甚至大大超過外延。在這點上，詩的張力與密度
「殊途同歸」了。此例是因含混模糊產生密度，下例則是因歧義
產生另一種多解多義的密度。

> 是玉堂春吧
>
> （夜夜滿園子嗑瓜子兒的臉）──瘂弦《坤伶》

玉堂春既是戲名，又是演戲場所，一個委婉的肯定，使雙重「命
名」勾起人們對蘇三悲慘命運的聯想，又影射主人翁賣唱生涯，
緊接著括號內產生明顯的歧義：①是戲園子夜夜爆滿，滿園子都
是嗑瓜子的嘈鬧之景，暗示坤伶紅極一時。②是坤伶長著瓜子臉。
瘂弦借粘連和借代手法，用「嗑」字，隱喻觀衆之流對坤伶的輕
慢狎玩，乃至吞噬。關鍵性的「臉」字在此特定語境中，產生了
相反相彰的歧義，現將它「還原」如下：

> ①滿園都是嗑瓜子的臉　　　（臉指觀衆）
>
> ②滿園都在嗑瓜子臉　　　　（臉指坤伶）

這種歧義使詩驟增至少兩種可能性，這也就提高了詩質的密度。

超強濃縮增大密度

> 把你的影子加點鹽
>
> 醃起來
>
> 風乾
>
> 老的時候
>
> 下酒──夏宇《甜蜜的復仇》

愛情升溫到極致時，往往會產生「恨」「仇」之類的想法，猶如

喜極生悲，樂極生哀，是日常常見的生理心理現象。詩人至愛達
到無以復加之際，便突發奇想，要把情人的形象如腌肉腌魚腌菜
般腌起來，一直貯存到老時才慢慢下酒品味，作者省減一切戀愛
過程的場景、情節、細節、動作，僅把豐富多彩的至愛心態，超
強濃縮到一個殘酷的「腌」字上，於矛盾的悖論中，釀造濃稠而
獨此一家的風味。

　　非馬的《通貨膨脹》也有異曲同工之妙：

　　　　一把鈔票
　　　　從前可買
　　　　一個笑
　　　　一把鈔票
　　　　現在可買
　　　　不只
　　　　一個笑

偌大的通貨膨脹，要寫多少人物事，都可以寫多少，天地寬得很，
一千個人肯定有一千種寫法，可是非馬竟把這龐然大物壓縮在二
十四個字內，且其中有十八個字屬重複，不能不驚嘆非馬手中轉
動一台超高壓縮機。他只抓住一個「笑」，就寫盡通貨膨脹前後
人們普遍的心態，從前可買輕鬆單純的笑，現在的笑則多麼複雜：
苦笑？訕笑？謔笑？哭笑？高度概括的「不只一個笑」，統統包
籠在內了，教該詩在充滿壓縮的知性基礎上，撞響「此時無聲勝
有聲」的美刺警策之鐘。

　　當然，有些人對密度並不太買賬，如施善謎《小耘周歲》，
洋洋灑灑一百餘行，流沙河先生認為完全可以砍去一半，刪壓五
十四行，讀起來仍覺完整。這說明高度熔裁、省減、跳脫、壓縮
對密度的重要性。不過有時候，為求取某種特定情調、氛圍、意

境，為突出某種單純的意緒、詩思，詩人有意放棄密度，「攙水」稀釋亦未嘗不可，如岩上《陋室》：

> 雨落在山巔／雨落在田野／雨落在溪底／雨落在道路／雨落在樹上／雨落在屋頂／雨落在棉被／雨落在孩子／（爸！這裡有水）的嘴巴／雨落在黑夜。

反覆絮叨，故意放慢情緒；有意拖長內在節奏，製造叫人鼻酸的情境。適度加些水分，確乎有時能取得某種特殊效果，那還是必要的。然而，水分攙入過多，絕對是件蠢事。筆者更樂意重申開篇那句名言，不管稀釋也好濃縮也罷，「一滴酒精必須蘊藏著無限生活的總和」。

【註　釋】

①　轉引覃子豪《論現代詩》第83頁，（臺）曾文出版社1977年版。

②③　同上。

④　聞一多《文學的歷史動向》，見《聞一多全集》第1卷第205頁。

三十九　巧智：運思的乖巧機智

　　詩是使人驚奇的藝術。教人驚奇的詩歌往往有兩種情況：一種是語言刷新，經想象、靈視、悟性之爐熔爍的傳達媒體充滿增殖的活力，有如荒漠中突降綠蔭，夢遊中邂逅倩女，讓你血液猛湧大腦，眼睛為之發亮，甚至睫毛也要跳幾跳；另一種情況是運思技巧，詩人常常以意想不到的方式（比如荒誕、夢魘、魔幻臆想方式）神出鬼沒，布設種種懸疑、曲折、替身，引誘你牽引你抵達某種奇特的境地。

　　我在題目上寫下「巧智」，就是指運思構思上的乖巧機智。思維過於平板規範成不了詩人，只有那些犀利、敏捷穎慧、靈動的大腦，才可能於尋常事理中，力排「眾議」，突發奇想，造出「無理而妙」的結果。

　　幾乎要相信，向明的玉體真長出了一個腫《瘤》，委實替他捏一把汗。要不是結尾點明那是一個折磨人的詩瘤，我們都要大喊上當受騙了。在舒舒服服的受騙中我們不得不佩服作者運思的高明。

　　很難一下子就品味出，陳義芝葫蘆裡賣的是什麼《茶》，那是一種飲而醒醒而醉醉而夢的精神「釅茶」，幸好他最後挑明了「鄉愁」的底蘊，否則誰都要向他索討這種世上獨一無二的飲料，豈不愁煞了他？

　　也很難想象，林煥章是怎樣在十五的夜晚，不費吹灰之力就捉逮了月亮，又怎樣讓她把衣裳留在床上，從而造成《十五·月

蝕》，我們真得恭喜林先生天天有這樣的艷遇。

　　管管乾脆讓一株老松渾身發癢，詩歌就這樣奇特地開始了，且老松一直癢到結尾句號，寫盡人世間難以防範的、被襲擊的惶惶心態，這一癢正搔到藝術的妙處。

　　詩人之所以於構思上絞盡腦汁，獨出機杼，就在於咫尺之間，包蘊萬端，微寸之內，盡藏智趣，以求出奇制勝。所以袁枚力主「心精獨運，自出新裁」，薛濤鼓導「不異而異，同而不同」，陸游則一言中的「詩無傑思知才盡」，說的都是運思的關竅在於避開雷同、平庸、流俗，而大力開發意外之筆反常之筆，於習焉不察、熟視無睹的事理中「巧奪天工」。臺島詩人在運思上頗下功夫，無論角度選擇，主腦立意，聯絡運轉還是布設排陣，都考慮到讓人有驚訝的新奇之感，下面再摭拾幾例。

　　羅青的名作《捉賊記》猶如一出極短劇，共有三幕：先虛擬一個失竊的場面：在萬物安靜相互守望的子夜，突然「風吹門動窗響」，「家具驚醒，影子逃散」，似有小偷潛入，緊接著進入捉賊戰鬥，詩人刷地挺腰翻身，口中喊打，提筆便仍，箭步上前，探手抓去，卻是鬧鐘一只，只好偃旗息鼓，頗富戲劇性，最後筆頭一轉清點戰場，竟是如此奇特的結果：

> 失竊須髮數十把，亂夢十數堆
> 亂壯志十數頁，歲月數十年
> 而老鼠蒼蠅，依舊隱隱走動
> 大地旋轉如常，不問是非黑白
> 而書卷若無其事，依舊靜立一旁
> 星星垂查一切欣然暗夜放光

表面上，詩人沒有任何物質性損失，實際上已失竊了比物質更為寶貴的時光、歲月也包括青春的壯志和夢想。詩人就在精巧設計

的圈套中，麻利地套住我們，讓我們跟他一起面對時間漫長的不可違忤的流程，面對抵抗時光注定失敗的宿命。抽象的時間母題在充滿戲劇性的「失──捉──查」三幕精彩演出中，獲得一種全然感性的詮釋。

設若說羅青的《捉賊記》表現更多「量」上機巧，那麼簡政珍《剃頭》則是質上的智巧：

> 到了這個季節
> 又該剃頭的時候了
> 看著滿地的落髮
> 想起多年前還俗的事
> 頭上滙集的紅塵
> 可供環保局
> 作為化驗人世的標準
> 積累的頭垢
> 可以刮下
> 供十大建設塡土
> 至於這光禿的腦袋
> 每天用酸雨洗洗
> 就可以
> 阿彌陀佛

日常生活的剃頭，在常人眼中，瑣事一椿，無法與重大的環保問題掛鉤。敏感的詩人通過犀利的智性穿透，把風馬牛不相及的兩者機智地聯繫起來：頭上太多塵土，正好供環保局做化驗標本；太多「頭垢」正好供建設塡土，眞是駭世驚俗的奇想，頗有幾分黑色殘酷。最妙的是最後用酸雨洗頭，可長生涅槃，一聲悠長的阿彌陀佛把極可惡的酸雨與極可仰的佛事，這完全不等價的價值

等同起來，**幽默**就在這裡產生了。全詩合理貼切，誇誕而不虛浮，荒唐而見深刻，平中出奇，莊中寓諧。簡氏向以沉默嚴肅的知性著稱，這一招倒一反常態，好比正步走時，突然來個「倒立」，讓你啞然失笑。

運思上的巧智，主要取決於詩人的逆向思維、側向思維和求異思維。思維的軌跡愈是越出生活常規，避開正面路線，繞過前人蕃籬窠臼，做逆向、側向延伸，愈有可能叩響奇迹發生的關竅。月亮是自然界姣美的風光，砒霜是世上可怕的毒物，余光中的反向思維，毫不費力把這兩者巧綴起來。眾人意想不到的契合點，正是詩人逞才使強的大好場所：

> 月光光，月是冰過的砒霜，
>
> 月如砒，月如霜，
>
> 落在誰的傷口上？

這種反向思維的內在邏輯根據是：月雖姣美，但望月生「悲」、望月生「愁」所造成的精神「創傷」，與砒霜對人肉體戕害，在「傷害」的本質上並無二致。通過巧妙的換喻，詩歌產生了令人為之愕然訝然的效果。

另一位專擅月亮的高手張健，則採用側向思維。他由月球引出銅鏡銅盤，這種古而有之的聯想，倘若到此為止，詩就平庸落套了。但張健繼續側向延伸，由銅盤銅鏡引出銅屑，因此，月光成為：

> 月球的許多銅銹
>
> 恣意地向我飄落
>
> 一剎那間，我變成
>
> 頭皮屑最多人——《月下》

真是讓人忍俊不禁，暢懷大笑，愉悅中不能不服膺作者的靈慧機

巧。晚近崛起的夏宇，其特有的機智，是乾脆躲開古典與浪漫那
長長的優美「婚紗」，而改穿粗鄙的野氣的「短裝」。瞧，愛情
的感受時而以「痘痘」這怪異的方式生長：

　　四月四日天氣晴一顆痘痘在鼻子上

　　吻過後長的

　　我照顧它。

時而以「蛀牙」的空洞呈現：

　　拔掉了還疼　一種／空／洞／的疼　／就是

突兀、短促、跳脫、粗拙，顯示了後現代另一種「巧智」在構思、
語言運作上，與前行代詩人們的重大區別。

　　　然而，巧智過頭也會傷之造作，機關算盡反誤卿卿性命。所
以古詩話說「雕琢太甚，則傷其全；經營過深，則失其本」，①
「以巧生巧，其巧不足；巧拙相濟，則使人不厭」。②難怪薛濤
主張「寧拙毋巧」，沈德潛力荐「大巧若拙」。不錯，有時構思
上偏偏棄置巧智，招徠樸拙。某種簡單、淺白、平淡、拙稚的運
思有時則帶來另外一種韻致情致，在樸拙後面，常常隱藏作者更
深智慧。看羅青《四十年》：

　　遇見他，已是四十年前的事了／嫁給他，也是四十年前的
　　事了／／四處流浪了四十年／看了無數次烟火／搬了無數
　　次家／／若有兒女，也該四十歲了／若有孫子，也該四十
　　個了／／唉，只可嘆四十年前，我就／隨他離開了那兵荒
　　馬亂的老家／／四十年前呵，他就隨我／離開了這兵荒馬
　　亂的世界

在簡單明了的對稱句段中，作者像剛剛學步的入門者，笨拙地重
覆「四十年」這個數字，又像繞舌的老人，不厭其煩地敘述同一
事件。就在這極為單調、單純、簡單、反覆的「笨語」中，隱藏

著我隨他，他隨我的深厚悼亡情意，這是「寧拙毋巧」、「大巧若拙」的範例吧？

　　還有林煥章的《無心》：

　　兩個人

　　一顆心

　　不是你帶走，就是

　　我

　　所以，兩個人經常

　　有一個無心

語法、詞滙比上例更簡單，敘述也直白，但這種簡化笨拙比起那些諸如「你提走我的心，我悲痛得快死了」之類的煽情飾情矯情，確能以少少許勝多多許。貌似拙稚的構思，從「有心」到「無心」的轉換，或許可說是隱藏在背後的更高層次的巧智。

　　由是，想起宴席上，一道接一道葷腥，吃多總令人嫌膩的，來一些脆生生的青苹，淡清素樸，於簡單平淡中，不也「淡中見味」嗎？

【註　釋】

①②　王若盧《潊南人話》，見《歷代文人論文學》第126頁，文化藝術出版社1985年版。

四十　吊詭：和詭論、佯謬、矛盾語等同嗎？

　　不時讀到吊詭（Paradox）這個詩歌批評術語，它在臺島頗為流行，其元語義是「反話」，即似非實是之論。或許吊詭這譯名有點怪異，大陸批評界稱Paradox為「詭論」、「悖論」、「反論」、「佯謬」。外延擴大一點的，甚至也把矛盾修飾、矛盾語庶幾包括其內。不管哪一種翻譯哪一種指稱最後為更多人接受，它的基本涵義應該是：同一語境中，同時含兩種相反的意思，或者由前一個正面意思緊接造出後一個反面意思。

　　結構主義學派主張，「詩的語言是悖論語言，悖論是詭辯用的冰冷機巧狡黠的語言」；①「科學的趨勢必須是使其用語穩定，把它們凍結在嚴格的外延之中；詩人的趨勢恰好相反是破壞性的，他用詞不斷地在互相修飾，從而互相破壞彼此的詞典意義」；②「各種平面在不斷地傾倒，必然會有重疊、差異、矛盾。甚至風格最明顯、簡樸的詩人也比我們設想的更經常地被迫使用悖論」。③這種悖論、詭論、佯謬，與生俱來就長存於我們生活之中，因為世界是充滿無限矛盾的組合體，矛盾是無所不在的。遠在紀元前，我們先哲就洞若觀火地指出大千世界種種矛盾的依存、對抗、轉化關係，如老子「禍兮，福之所倚；福兮，禍之所伏」，「曲則全，枉則直，洼則盈，敝則新，少則得，多則惑」；④如莊子「物無非彼，物無非此……不生不死」，「不死不生，方可方不可，方不可方可。因是因非，因非因是」。⑤如此美妙的矛盾觀自然

引發啓迪後來種種豐富多彩的藝術辯證法，其中有一種稱「反常合道」（又一稱「正反相形」），大抵與今天所講的矛盾語庶幾相近。譬如杜甫《秦州雜詩》：

> 無風雲出塞
>
> 不夜月臨關

還有白居易稱頌一時的名對：

> 風生古木晴天雨
>
> 月照平沙夏夜霜

沒有風，雲竟會被吹出塞外；大白天，明月竟降臨潼關；晴天下雨暑夜結霜。表面上它們都大大違反自然規律事理，實則詩人用佯裝矛盾的方式創造了既謬且真的情境。西洋16世紀中葉——巴洛克時期也盛推這種方式。莎士比亞的《羅米歐與朱麗葉》劇，曾有過典型的表演：

> 啊，沉重的輕鬆！正經的虛榮！
>
> 形式完整而美觀的醜惡的雜亂！
>
> 鋁製的羽毛，明亮的烏烟，冷的火，
>
> 　　病的健康！
>
> 清醒著的睡眠，一切的似是而非，似非而是！
>
> 我覺得有一股愛情而又空空的不留一場。

而現代詩的吊詭，除了出現頻率增多外，形態則更為複雜。它已「淡出」早期那種在簡單句子中塞入兩種對立物、或者在短途中展開「一對一」的對稱式的針鋒相對。它開始向兩方面深入：一方面是語詞組合矛盾，較前期比較隱蔽，另一方面是在謀篇布局上尋求整體的詭論效果。

　　局部的矛盾語，在周夢蝶詩中觸手皆是，本書第十九章有關禪思已論及不少。再引周氏四例：

第一例：

　猝然地紅，又猝然地暗了

第二例：

　從不曾冷過的冷處冷起

第三例：

　你心中有花開

　開自第一瓣猶未湧起時

第四例：

　一只芒鞋負劍而臥，且思維

　若一息便是百年，刹那即是永恒

第一例猝然的紅與猝然的暗可以看作是矛盾的對抗對撞形態，第二例「不曾冷的冷」可以看作是矛盾的互否互斥形態，第三例花開和開自未開時可以看作是矛盾依存與關聯形態，第四例一息是百年，刹那即永恒，可以看作是矛盾的轉化形態。由於矛盾的豐富多彩，千變萬化，導致矛盾語組合的繁複多樣，它在較短的語言距離中，經由正反、順逆、進退、向背兩極力量的互否與吸引，終於獲得一種相克相生、相反相成的美學效應。所以許多詩人寧願在語詞搭配上，放棄同向位的「疊加」做法，轉而尋求反向逆向上的矛盾組合。須知個別矛盾語，體現個別矛盾意象，而眾多矛盾語則可構成矛盾情景。換句話，矛盾語和矛盾思維作用於謀篇布局所產生的矛盾情景，實際上也就等於製造了一種整體上的詭論。

　　羅青《吃西瓜的方法》很好地體現這一特點：

　沒有人會誤認西瓜為隕石

　西瓜星星，是完全不相干的

　然我們都不能否認地球是，星的一種

　　　　故也就難以否認，西瓜具有

　　　　星星的血統——《第五種‧西瓜的血統》

這是典型的悖論語言、詭辯語言，作者在開頭先給定一個正確的
前提，以「負負得正」（「沒有人會誤認」）的方式確立西瓜不
是隕石，在觀念中則埋下矛盾衝突的伏筆。第三句開始便一個急
轉彎，用謬誤的方式推出：地球是圓的，星星是圓的，因此地球
與星星有血緣關係；既然西瓜是圓的，那麼西瓜便是星星的一種，
地球之一種，故西瓜也就是隕石了。此詩矛盾的衝突、展開及矛
盾最後的轉化之所以如此怪異，完全是假正確前提經詭辯處理而
後獲得荒謬結果，這種機詐完全是一種理念型的詭論。

　　　王添源《如果愛情像口香糖》則帶有較濃的感性色彩，其中
四段：

　　　　如果愛情像口香糖／甜的　鹹的　涼的　辣的　酸的　蜂

　　　　蜜的　薄荷的十味俱全／要麼自己挑／／如果愛情像口香

　　　　糖／啾啾　夢夢　樂可　箭牌　芝蘭　白雪公主　小泰山

　　　　　大牌的　小牌的　沒牌的　西洋的東洋的　中國的　我

　　　　們通通都要／／如果愛情像口香糖／你可以一片一片的吃

　　　　／也可以一次吃下兩片以上／幻想一加一加一再加一／還

　　　　是等於一的現象／／如果愛情像口香糖／好吃又不粘嘴而

　　　　在變淡變硬變得無味／變得煩人的時候／隨時可丟／那該

　　　　多好

作者用假設兼類比的敘述方式，在充滿調侃戲謔的語調裡闡明種
種愛情觀。他嘲諷了愛情的販賣出售、單調機械、「杯水」遊戲，
其中不無夾雜愛情過程的某些經驗和人生況味。除諧謔外，詭論
也是該詩的主要特色，有三點值得留意。一是連續採用六個委婉
假設，使原來可以構成正面衝突矛盾的「火氣」減弱為一片嬉笑

聲，產生一種輕喜劇氣氛。二是正話反說，在大量並置性的感性
經驗凝聚中，巧妙埋藏著樸素的反話，產生似是而非的效果（如
愛情可以一片的吃，也可以一次吃兩片，幻想一加一加一還是等
於一）。三是詭論與反諷（irony）交叉混用，相得益彰，同時
也使得伴謬形態變得更為複雜（如無論什麼牌我們通通都要，隨
時可丟那該多好）。借此抽樣，大約可以窺測王添源的反論推理、
諧謔吊詭，未必直逼羅青，也多少受其影響，且有繁衍之勢。《
給我一頭腦震蕩的豬》，也是典型的吊詭：

> 給我一付不辨顏色的耳和眼／給我一顆不會愛恨恩怨的心
> ／讓我過一段無須思索的歲月／給我一位不必廝守的伴侶
> ／給我一張不是睡覺的床／教我一種不必避孕的做愛的方
> 法／給我一本沒有文字的書／給我一段沒有色彩的記憶／
> 給我一面用來拔白頭髮的鏡子／給我一片沒有飛鳥的天空
> ／給我一條沒有魚蝦的河流／留給我一塊長不出五穀的土
> 地／給我一張沒有國籍的身份證／給我一個沒有官員的政
> 府／讓我活在一顆不會轉動的星球

四對性質不一的矛盾構成總體上矛盾情境，他通過「不……是」、
「沒有……有」的互斥關係形成截然相反、似是而非的悖論。這
種悖論（矛盾情境）是詩人對外在世界及內在自我的一種雙重性
解釋，表現出人生困境中的苦心掙扎、抗爭和稀薄的憧憬。它突
破嚴肅書寫成規，在且謬且真、似幻似真的對抗裡讓人聞到嬉皮
士亞嬉皮士的氣息。這種悖論伴謬越來越成為現代的常規武器。

　　說到底，吊詭是一種「以謬求真」的方式。它的哲學依據不
外是矛盾的對立統一。或者總體對抗，局部貫通；或者一邊對峙，
一邊轉化；或者表面弩張劍拔，內裡暗送秋波；或者絕對極端，
實則相對統一；或者伴謬假謬，實則求真求是；或者詭辯悖言，

實則正話反說，都可體現爲多種形態，再兼雜以俳諧、對比、巧智、反諷等輔助。吊詭，在源遠流長的承傳中，將會愈發風光。記得早期瘂弦一句「觀音在遠遠的山上／罌粟在罌粟的地裡」，把兩種極端物並置造成反諷，如何轟動一時；稍後羅智成「蠟燭在自己的光焰裡睡著了」又造成另一種矛盾震撼；直至晚近王添源「地雷播種五穀／炸彈普降甘霖」的怪誕，更把矛盾吊詭「玩」得愈發老練新鮮。借此我們有理由感到寬慰：古老寫法經過現代洗禮，必定能激發出自己最大的活性。

【註　釋】

①②③　克林斯・布魯克思《悖論語言》，見《新批評文集》第314頁、319頁、320頁，中國社會科學出版社，1988年版。

④　《老子》見《中國哲學史資料選輯》第478頁、452頁，中華書局1964年版。

⑤　《莊子・齊物論》見《莊子集釋》第66頁，中華書局1961年版。